癒しの鍵

マイケル・ママス＝著
Michael Mamas
鈴木真佐子＝訳

太陽出版

ANGELS, EINSTEIN AND YOU

by Michael Mamas

癒しの鍵――目次

第Ⅰ部

人間の進化
——過去、現在、未来——

物理学の言葉を使って日没の現象を説明できるかと聞かれたアルバート・アインシュタインは、当然できるが意味は失われると言った。

第1章　針金細工のおもちゃ

私が初めてインドを訪れた時のことである。私はデリーの市場をうろついていたが、その市場の何本もの通りは活気に満ちた迷路のようで、その曲がりくねった細い道は店や屋台で溢れ、やっとすれ違うことのできる幅しかなかった。街角やビルのまわりに漂っていたのは喧騒と雑踏の織り成す人類のカオスであった。大きく口の開いた香辛料の袋、鮮やかな色の粉が入った缶、軒先に垂れ下がっているハーブや見知らぬドライフルーツの前を通り過ぎ、私は馴染みのあるカレーの匂いや未知の香りが豊かに溶け合う雰囲気を満喫していた。すると路地から突然、体中に灰を塗りたくり、長いしっぽをつけた男が現われた。彼は猿のような声を発して、飛び跳ねながら人込みの中を縫っていったかと思うと、今度は象使いが大声でどなり、指示棒で象の長い鼻をひっかけては行くべき方向へと象を引っぱっていった。人びとは、その大きな足を避けて道を空けるが、象が過ぎたとたんに元の雑踏に戻るのだった。

この喧騒の真只中、私の目の前に物売りが現われた。彼は私の胸に、両手をコップのようにして差し出してきた。その手の上には針金でできた小さな立体パズルが乗っていて、物売りが指を動かすと、その立体は次々といろいろな幾何学的な模様をつくり出していた。いくつかの三角形があったかと思うと、見事な四角の格子状になり、次は違った三角形の模様にと、二度と同じ模様が繰り返されることがないように見えた。

私はこの不思議なパズルに心を奪われ、市場の音がまったく聞こえなくなった。そこには繊細に変化する、人を惑わす複雑な迷路のような模様だけが存在していたのである。

小柄な物売りの「一ルピー、一ルピー」と叫ぶ声で私は我れにかえった。彼が要求するわずかな金を手渡すと、私の手に針金細工のおもちゃが渡された。手にした宝物を調べ、私はその宝物がとても素晴らしいものだと実感したのだった。私は大学では現代物理学を学んでいたが、この針金細工のおもちゃは、私の知るコンピューターソフトのどれよりも上等で、物の存在の抽象的・数学的な構造を視覚的に表わしているかのようだった。

この素晴らしい宝物をあらためて覗き込んだ私は、口が利けないほど驚いた。おもちゃは単に針金を何本かつなぎ合わせた代物だった。あれだけの複雑な変化が、この何の変哲もない小さな立体から出てきたのだった。私は騙されたのか、祝福されたのか分からなかった。針金細工のおもちゃの体験には多くのことが含まれていて、考えれば考えるほど、これは神秘的で意味深いことだった。

＊

私は西洋の既存の教育体制の中で、キャリア、高等教育、専門職、そして一つの分野を詳しく学ぶ機会などを与えられた。しかし、自分はそれに満足できずに、インドに向かったのだった。

悟りをひらいた賢者について学ぶにつれ、彼らの伝統が、私が学んできたものと一八〇度異なる視野を持つものであることが明らかになってきた。彼らは存在の本質からスタートして外側へと探究し、生命（ライフ）を存在の計り知れない結果として、または相互作用として受け入れているのだ。学問のそれぞれの分野は、存在の中に見られる多くの構造の諸作用を説明するものだが、その構造の本質を問うことをしなかったし、他の創造物とどう関連し合うのかも問わなかったのである。

私は針金細工の動きを東西の知識を結ぶ接点のモデルとして見ることができた。私が今まで学んできたそれぞれの分野は、流れていくモザイク模様のようだった。すべては無という本質が無自身と繰り返し相互作用する時、表面に現われる模様のパターンだった。

私の学問領域では、あたかも世界を非常に複雑で矛盾に満ちたものとしてとらえているかのようだった。私たちが動いている世界を見る時、ちょうど針金細工の動きに目を奪われ催眠術にかかったように、その華やかさに目が眩んで圧倒される。さまざまな可能性が私たちの目の前を通り過ぎる時、そのどれかを選んで関わりを持たなくてはいけないと私たちは思い込む。私は目の前の動きに惑わされず、針金細工の催眠術にかからずに立体模様の幻想の向こう側を見ることが知恵なのだということが分かり、そこから動きはじめると、すべての動きの源が理解できるようになる。これが分かれば、すべての現象の中心にあるもの、つまり、すべての動きが一つになり、無と融合する根源となるものと協調して生きることができる。統一された場、つまり、ワンネス（一つであるところのもの）と融合して生きはじめることができるのである。

私が市場で針金細工のおもちゃに心を奪われている時、自分があることを見過ごしていたことに気がついた。物売りの手が針金細工のおもちゃを巧みに動かすと、幾何学的な模様の連鎖が目の前に現われた。この立体模様は刻々と時間の流れに沿って、四角形や三角形へと変わるのではなく、どの瞬間においても、固定してとらえることが不可能なさまざまなパターンが、すべてそこに、お互いに重なり合って存在していたのである。重なり合った構造のモザイクはとても複雑で、どの観点もすべての観点を含むと同時に、それぞれの観点は一つの同じものを異なった見方で見ているのだ。どれが本物で、どれが偽物かなどの議論は無意味で、すべてがそこにあり、互いに対極にあるように存在して見えたのである。

生命の本質の中に組み込まれているのと同じように、このおもちゃの本質にはパラドックス（矛盾）が組み込まれている。母親が大人に成長した我が子の顔を見る時、そこに見えているのは幼い坊やのままの姿で、どんなに出世してもそれは変らないものだ。それが息子の雇用者、あるいは競争相手だとすれば、まったく違う人間として見るかもしれない。どの観点にも見る人との関わりが入り込む。あなたの経験は、あなたにとっての現実なのだ。あなたの目には針金細工は四角形、三角形、あるいは六角形に見えるかもしれない。これは正しいか、正しくないかの問題ではない。パラドックスは生命と存在の作用に欠かすことのできない普遍的な原理の一つだ。人生の意味を理解するには、このパラドックスを理解することが必要不可欠なのである。

普遍原理・１　**パラドックス（矛盾）は存在の本質として内在する。人生を充実して生きるには、パラドックスの中で機能することを学ばなくてはならない。**

私たちのパラドックスへの強い関心は小説、映画、スポーツ、戦争、司法や政治のシステムなどに反映され、これらはすべてパラドックスの探究である。パラドックスに飽きることなく、私たちが火に惹きつけられるようにパラドックスからも目を離すことができない。一つのモデルから次のモデルへ、一つの見方から次の見方へ移りゆき、常に矛盾や対極に満ちている私たちの文化は、あの針金細工に似ている。

針金細工の謎について考えれば考えるほど、長い年月をかけて目隠しをしたまま訓練されてきた大学での教育が、私には不条理なものに見えるのであった。不思議な雰囲気の街の中で、私の目の前で針金細工を見せてくれた物売りが、私の今までやってきた仕事のすべてを否定したかのようだった。

この謎はいまだに私を魅了し続けている。教師になった今でも、時折、このゲームを振り返り、それを知識への新しいアプローチとして、世界についてどのように理解すればいいのかを考え続けているのだ。このアプローチは、私の学んできたすべてのものをより広がりのあるものにしてくれた。それぞれの分野の学問はそれなりに価値があるが、同時にそれは、本質的なものではない。一つの立体模様を切り離して探索しようとすると、その理解は一瞬に燃え尽きてしまう。すべてのつながりが明らかになると、生命のモデルやパターンが大きな存在の一部として、新しい存在として新たな意味を持つのだ。個々の現実の本当の意義が理解されるのである。

どのような見方、教え、すぐれた学問も真実を学ぶ方法を約束してくれるものではない。それぞれ一つの見方、一つの現実を学ぶ手段でしかないのだ。健康に関する考えも、全体の一部を反映しているにすぎない。心理学者、スピリチュアリスト、生理学者も真実についての異なった見解を持っている。ある理論家は一つの事柄を三角形のモザイクとして見て、他の理論家は四角形のモザイクとして見るかもしれないのだ。存在の本質をすべて説明しようと企てる理論も、このゲームの可能性をすべて把握できるだろうか。その真偽を判断できるのだろうか。最終的に、古代の先人たちの言っていた通り、すべてはマヤ（幻想）であり、蜃気楼であり、すべては無に溶け込んでゆき無くなる。宇宙は目の眩むようなきらめく幻想であり、針金細工のようなものなのだ。どの見方も正しく、かつ、どれも正しくはないのである。

＊

私が目を上げるまで、ほんの一、二分だった。物売りはとっくにその場を去り、デリーの街と市場が再び私の五感の中にどっと流れ込んできた。私は手のひらに乗っているからまって動かぬ針金を眺めていた。この謎を手に入れた私は、もし、私たちが何も知らないとすると、その何も知らないという考えでさえ一つの真理でしかないということに気づいた。私たちは物の見方を捨てることも、個性というものを捨てることもできない。これは、自然が私たちやすべてを通して表現する方法であり、現実というものの性質なのである。

私には個々の観点をつなぐような構造があることが分かっていた。慎重に謙虚に考え、そして知恵をもって臨めば、この知識は私を自分自身と存在との深い理解に導いてくれるであろう。人生をそのように理解した時、私は一歩、踏み出したのである。

生理学、心理学、社会学、自己修養、自己成長、人間の進化など、さまざまなアプローチの「間に」存在する洞察力と知恵をヒーリングに応用することが私の生涯の目標である。ヒーリングは私の人生そのものであり、道でもある。

この「間に存在する知恵」は、情報をたくさん収集すれば分かるというものではなく、世界や人生の個々の現実に文脈とつながりを与えてくれる方法に関わるものである。この原理がヒーリングに適用されると、既存の健康やヒーリングの考え方が置き換えられるのではなく、変容されていくことになる。現状と異なったものになるのではなく、それ以上のものになるのである。この知恵を理解して適用しはじめると、私たちも変容されていくのである。

近代では、知識に表面からアプローチして、その深さを計ろうとした。たとえば、物理学はガリレオが塔の上からボールを落として、それが地上に届くまでの時間を計った時に確立された。そしてそれは、分子、原子、原子核構造などの研究につながっていった。この方法は建物の二十七階を先に建てて、それを吊るしておいて、二十六階、二十五階と下に建てていくようなものなのだ。土台に行き着くまでに何か狂いが生じるのは避けられないだろう。外側から内側に入るより、中から外に向かい、そして内在する原理から再生された宇宙へと向かう方がよいのではないだろうか。

普遍原理・２

真の理解は内側（基底、超越している場）から始まり、外側へと構築される。

第2章　存在の三つの領域

何世紀もの間、人類は互いに相反するさまざまな観点の中を生き抜いてきた。一つの観点から見ると宗教は国民の麻薬だと言い、別の観点から見ると科学は神への冒涜だということになる。私たちは皆、自分の信念に従って議論のどちらかの側につくことになる。人類の特徴は、妥協か、さもなければ反対派を淘汰することによって、パラドックス（矛盾）の解決を図ろうとするところにある。なぜなら、一つの観点が正しいとすれば、その反対は間違いだとされるからだ。

存在の三つの領域は、人生のパラドックスに対して単純で強力な理解をもたらしてくれる。ここから私たちの存在の構造と本質に対する関係を変容することができるのである。

私たちの存在と心身の健康を理解するためには、まず自分は肉体以上のものであることに気づく必要がある。私たちは互いにつながり合った領域の構造の中に生きている。三つの領域とは、物質（肉体）領域、サイコ・エネルギー領域、超越領域である。それぞれの領域は数多くのサブレベルに分かれている。

物質領域

現代社会は、主にこの物質領域と同調しているといえる。ニュートンの物理の法則がこの領域を説明し、現代の偉大なテクノロジーの基盤となっている。ここでは論理が優越する。物質領域では物質がものの本質として見られている。この領域には私たち人間の身体といった物資的構造が含まれているだけでなく、もっと微細なレベルに属する細胞、原子や分子の構造も、ますます多く含まれるようになってきている。

サイコ・エネルギー領域

サイコ・エネルギー領域は、私たちの想念、心理や感情、人間の性格などを含んでいる。この領域に、霊能力者、ヒーラー、シャーマンが「エネルギー」と呼んでいるものも含まれる。この観点から見ると、すべての基盤はエネルギーで、物質はエネルギーの表現として見なされる。アストラル界の現象は、この領域の一部分である。

超越領域

・量子力学レベル

超越領域の中にある量子力学のレベルでは、私たちはワンネス（一つであるところのもの）と統合すると同時に、個別の存在としての個性も保っている。感情レベルでまとまりが図られるサイコ・エネルギー領域と違って、ここではすべてと一つになる統合が二十四時間、現実のものとして常に意識される。ここでは多様性の根源が場の統一として経験される。

量子力学レベルは「最も洗練された感覚レベル」とも呼ばれている。人間の生理的な側面が十分に洗練されてくると、このレベルは相対的な存在の中でも最も良好な状態として直接に経験される。存在の奥深い部分を無上の喜びとして経験することになり、それは永遠の結合と調和の人生を意味することになる。この状態はそれぞれの宗教で、神との一体化、悟りや涅槃《ねはん》などとして知られているものである。

・純粋な「統一場」レベル

超越領域の一番深いレベルで、「統一場」は純粋な意識として存在している。この深さでの意識というものは、多様性や個別化以前の存在である。分離はこの観点から見ると幻想であり、このレベルに存在する唯一の現実は、すべて存在するものの永遠の融合である。真に存在するのは純粋で境界のない永遠の意識である。このレベルでは「これ」と「あれ」の違いはなく、「他者」は存在しないのである。

存在のこの三つの領域を知的レベルで理解することは出発点である。次の大きな一歩は、これらすべてのレベルで機能できる身体を発達させることで、その全体像（ヴィジョン）は知的な理解によって与えられる。人格の表面には物質より深く、想念や感情などを含む領域が存在するのである。もっと深く掘り下げていくと、私たちの精神を形成する子細な内容が、より精妙な感覚レベルで理解できるようになる。私たちがこれらの中でも、より深遠な詳細に意識を向けはじめると、私たちが魂と呼んでいる抽象的な感覚を意識することができるようになる。これらすべてはサイコ・エネルギー領域のものである。

さらには、物理学者が量子力学と呼ぶレベルに至る。ここで私たちはもうすでにサイコ・エネルギー領域を超えた超越領域に入るのである。超越領域の中にある量子力学レベルでは、すべてがワンネスと融合するが、個性は維持される。この領域は最も精妙な感覚レベルである。

その先は、超越領域の純粋な「統一場」レベルに入る。この深さでは、「これ」「あれ」などの区別はなく、「他者」は存在しない。

アインシュタインの「統一場の理論」は、分離と二極性を超え、個性も超えた場所であると、この現実の存在を定義している。この「統一場」は不変の場である。古代のマスターたちは、このレベルを純粋の存在、純粋の意識、そして普遍的なワンネスと称していた。

私たちは自分の存在や生活を精妙な感覚でとらえることができるようになると、超越領域を感じはじめることになる。

私たちが自らの奥深くにある「統一場」に近づくと、すべてと一つであるという感覚が生じ、実際、すべてが自分の中にあると感じはじめる。これはロウソクの炎のような光にたとえられる。自分の手をロウソクのそばに近づけるほど熱さは増すが、実際に炎をつかむことはできまい。私たちの存在の中にあるサイコ・エネルギー領域と物理的領域に放射される「統一場」の光は、私たちが魂と呼んでいるものである。

三つの領域は概念ではなく、実際の構造物であり、互いにつながりスムーズに機能する連続体なのだ。物質領域は、その裏にサイコ・エネルギー領域がなくては存在できず、サイコ・エネルギー領域もまた、超越領域なくして存在できないのである。それは木の葉が樹の幹や根がなくては生きていけないのと同じである。

三つの領域の中では、どの点をとってもすべてが異なった現実を象徴している。互いに関係し合いながらも、はっきりと異なった現実が無限にあるのだ。ここで言っている現実とは単なる解釈ではなく、機能のことである。宇宙の機能の解釈は、いくらユニークなものでも、どれもが正当だといえるのではないだろうか。

ある現実ではすべてが純粋物理学で説明可能であり、もう一つの現実では宇宙はすべて陰陽の舞いのようなものなのだ。次の現実では、宇宙は三つの「グナ」で構成されているのである。三つの「グナ」とは、自然（心）の三つの質、または形態であり、タマス（無知）、ラジャス（情熱）、サットヴァ（善良さ）から成る。

三つの領域は、完璧に、数学的に正確な現実のシステムとして働いている。私たちが、それを意識することを自分に許すかどうか、というのは別の問題なのである。

トランス・グレイディエント・ヒーリング（ＴＧ・ヒーリング）と呼ばれるものは、私たちが存在の構造の理解とワークを通して、存在の全レベルに自分自身を同調させていく技術である。

トランス・グレイディエントとは何か？

まず、「グレイディエント」（gradient）とは連続体における一つの点である。たとえば、季節は夏で太陽が輝き、気温も高く、私たちはＴシャツと短パンという軽装だ。私たちは、目の前に聳《そび》え立つ大きな山を登る決心をする。花咲く野原を通り過ぎ、次第に山の上の方へと登り、険しい山の背を行くにつれ、空気はどんどん冷え込んでいく。一歩ごとに温度の変化を感じるわけではないが、山の頂上に到着する頃には、空気がとても冷たくなっている。しかし、気温にグレイディエント（変化や傾斜の度合い）があることを知っていた私たちは、登山用の温かい服も用意してきていたのだ。

今まで私たちが歩いてきた道を「気温のグレイディエント」と呼ぶ。私たちが上がったり、下がったりしたのをトランス・グレイディエント（ＴＧ）に動いたという。このようにＴＧに動く時、状況は変化する。この場合は、暑かったのが寒くなっていった。逆に下降するほど温度が上がる。同じ様に肯定が否定になり、正しいことも誤りにもなり得るのである。

私たちが一つの現実の解釈から、次へとシフトしたり、存在の三つの領域の中をシフトしたりする時、私たちの存在への理解も同じようにシフトを経験しているのである。私たちはつながり合った現実の時空連続体の中をトランス・グレイディエントに旅をしていく。私たちが物質領域からサイコ・エネルギー領域、そして超越領域へと移る時、さまざまな状況に遭遇する。あとで明らかになるが、あるレベルに適用する原理は、他のレベルでは通用しない。自らの人生、ヒーリング、そして私たちの存在を理解するのには、これらのレベルが互いにどのようにつながり、どのように作用し合うのかを理解することが不可欠である。

自分は何者であるか――アイデンティティー

存在するということは、トランス・グレイディエントに存在するということである。私たちが特定のレベルのある現実にこだわっていると、それによって全レベルで影響を被ることになる。たとえば、私たちが感情を非論理的なものとして否定すると、それは一つの現実を抑え込むことになる。このような抑圧は病気の原因となるが、合理的に思考する能力を育てないと、今度はそれも不調和のもとになる。私たちがその不調和を感じる時、その現実の中で機能する自分の能力をさらに向上させようとするが、このような反応は、プロセスを悪化させるばかりである。私たちが特定の現実に執着するほど、人生の螺旋《らせん》階段は余計に辛くなるのである。

このプロセスを緩めるため、私たちは自らのトランス・グレイディエントな本質、存在の自然な状態に、ゆったりと身を委ねていくことを学ぶ必要がある。この「身を委ねる」については、行うは言うより難しで、私たちは現実はこうであるという概念に、頭だけではなく身体や心までも執着しているからである。この執着のパターンに、生理的・肉体的レベルから、エネルギー的・心理的・スピリチュアルなレベルにまでも、どっぷりと浸っているので、この執着自体が自分だと思い込んでいるくらいである。

自分が執着して手放せない事柄を私たちはいくつか知っている。最も難しい仕事は、自分が気づいていない執着を解放することである。私たちをがんじがらめにしている縄は、ほぐれた後でやっと見えるものである。自分の生活を柔軟に軽快にするためには、他の現実をいくつか見るのがいいだろう。

＊

私たちは進化することによってトランス・グレイディエントに動き、機能することを学ぶのである。自己修養をしているつもりでも、自分が気に入ったアイデンティティーを選んでいるだけのことが多い。何かにのめり込み、それがさまざまな執着となる。一つの現実の解釈に執着すると、他の多くの可能性を無視することにもなる。私たちは、常に谷底にいて山頂からの景色を見ることもなく、逆に、山頂にいて谷底について勝手にイメージしているだけなのかもしれない。教育制度は私たちがすでに持っている特定の観点を強化するだけで、真の教育と呼べるものではなかったりする。

私たちがＴＧ・ヒーリングを心身の探究に適用するようになると、一つの構造には、それ以上のグレイディエントが関係していることに気づく。気温のグレイディエントにたとえると、もし谷間が地球の赤道に沿ってあるとすると、凍った南極か北極に向かって、もう一つの気温のグレイディエントが設定される。赤道から離れることによって、一般的に温度は下がり、赤道に近づくにつれて上がる。私たちは谷から山頂に向かったり、赤道から南極か北極に向かうなどして高度を変えつつ、トランス・グレイディエントに動くことができるのである。

ＴＧ・ヒーリングにおいては、三つの各領域に横のグレイディエントがいくつか存在する。同じレベルにいる時は横から横へと動くことができるのである。

以下は、私たちが三つの領域をトランス・グレイディエントに動くことによる観点の変化を表記した。

トランス・グレイディエントに動くことによる観点の変化

物質領域

現　実

現実は客観的だ。その妥当性は個人の経験を超えたところにある。実験室で実験を繰り返し、同じ結果を出すことによって現実（真理）が定義される。そして、その現実を説明するためのモデルがつくられる。

愛

愛は生化学的な現象だ。感情は化学的、そして肉体的な機能に基礎を置いている。ダーウィンの理論通り、愛は種族を維持するために存在する。

サイコ・エネルギー領域

現　実

現実は主観的だ。個人は信仰や気持ち、感情などを現実として経験する。二人として同じ現実を分かち合うことはない。人びとは同じことを異なった体験とし、それぞれが独自の個人的な現実とモデルをつくっていく。

愛

愛は謎だ。目的がある時も、つかみどころがない時もある。時には愛を追えば、避けられもする。喜ばれたり、恐れられたりもする。この矛盾した性質は御し難いものがある。

超越領域
量子力学レベル

現　実

客観的そして主観的な現実はこのレベルにおいて一つになる。すべての矛盾は解かれ、超越の中で一つになる。この器のみがすべてをあるがままに受け入れる大きさを持つ。

愛

愛は自然な唯一の力だ。これは他のすべての力の本質だ。愛は、私たちの一番洗練された精妙なフィーリングとして体験される。愛はすべての分化や二極性を元のワンネスに戻すことができる。

純粋な絶対意識レベル

現　実

最終的な現実は存在するすべてとのつながり、つまり純粋意識だ。現実はワンネスにある。矛盾も二元性もない。

愛

存在する唯一のものは愛であり、永遠のワンネスだ。無上の喜びとは、純粋で普遍的、かつ超越的な愛のことだ。この愛は反対同士の区別を知らず、矛盾や分離も知らない。

物質領域

自　己	モデル
自己は物質的・肉体的な身体であり、エネルギーシステムや意識の基礎としての役割を持つ。	モデルとは、宇宙がどう機能し、活動しているのか説明するために使われるルール一式のことだ。ニュートン力学の法則は物理的領域のモデルの基礎を成している。

サイコ・エネルギー領域

自　己	モデル
自己は人格、マインド、感情によって形成されている。肉体と意識の土台として自己は体験される。「本質」「中核」「魂」はこの領域での言葉として普通理解されている。	この領域の存在は多次元的だ。無数の矛盾を含み、そして同時に、それぞれのモデルが私たちの存在を説明してくれる。私たちがものをどう見るかが、見るものを形づくるのだ。唯一の正当なものの見方などは存在しない。

超越領域
量子力学レベル

自　己	モデル
自己は魂であり、個別化された純粋意識だ。普遍的なワンネスと個性が合体したものだ。このレベルでのワンネスの体験はサイコ・エネルギー領域では「こだま」のようにかすんだもので、サイコ・エネルギー領域でこのレベルを感じ取るとすれば、それは一つの気持ちやアイデアであったり、感覚、または感情であったりするが、このレベルでの普遍性は悟りの状態であり、永遠の現実だ。	モデルは人工的な概算値だ。私たちはモデルを定義して、その後はモデルが私たちを定義づける（限界を与える）ことになる。私たちはモデルを乗り越えて、自らの中に内在する超越性を発見することによって存在を修得することができる。これが存在の宇宙コンピューターとも呼べる人間の意識の極致だ。これを会得することは悟りをひらくことなのだ。

純粋な絶対意識レベル

自　己	モデル
自己は不変の純粋意識だ。自らの自己と相手の自己との間に分離はない。私たちは一つであり、すべての分化と相違は幻想でしかない。	モデルは幻想であり、宇宙は想像物だ。想像を通して意のままに、多様な宇宙とそれぞれの固有な法則を創造する可能性を持っている。

物質領域

健　康	関　係
健康は肉体を通して得られる。肉体が健康なら心も魂も健康だ。肉体が理想的に機能するためのモデルはできている。病気というのは、健康のモデルに合致するように修復するものだ。	関係とは二つ以上の異なった生物同士の相互作用のことだ。

サイコ・エネルギー領域

健　康	関　係
健康はエネルギーシステムと心理作用を通して得られるものだ。これらのバランスがとれていると肉体は健康になる。なぜなら、これが肉体の基礎だからだ。	ここでの関係は二人以上の人格の相互作用だ。極端な敵対心から、結ばれたいという強い感情までの多様な様相を含む。

超越領域
量子力学レベル

健　康	関　係
心身の健康は全体性にあり、私たちの個性と普遍性の共存と統合だ。健康は種々のモデルを超越している。これは自己修正機能を働かせることによって会得でき、この機能は私たちの存在の宇宙コンピューターに内在している。私たちのユニークさと普遍性は自然に開かれていく。	関係性の表面的な性質と関わりなく、すべての関係の本質は統合であることが知られている。これは感情的な態度ではなく、実際に生きた現実として体験される。

純粋な絶対意識レベル

健　康	関　係
病気、死、苦悩などは無知によって創造される幻想だ。このレベルに自分をしっかり据えると、病という幻想は消え去り、永遠、そして完全なる健康が会得できる。	すべては一つだ。関係とは個別化の誤った観念に基づく幻想でしかない。

物質領域

神	スピリチュアリティー
このレベルにおいては神の存在は証明されない。神はニュートン力学といえるかもしれない。	スピリチュアリティー（霊性）は「存在の本質についての雰囲気づくり」として認識されている。

サイコ・エネルギー領域

神	スピリチュアリティー
神への理解は二元性に基づく（善対悪）。神はアストラルな、あるいは感情的な象徴だ。神、普遍性、ワンネス、統合についての理解はサイコ・エネルギー的な現象で、存在のより深いレベルで神とは何であるのかについて、そのこだまをとらえるようなものだ。	スピリチュアリティーは感情、感覚、思考モデル、信仰などのセットと同調することだ。通常は悟りをひらいた個人の教えに基づくが、この領域でのスピリチュアリティーは真なるもののこだまでしかない。しかし、多くの人間は究極の真理をこの領域に求める。

超越領域
量子力学レベル

神	スピリチュアリティー
神は擬人化された超越的な純粋意識だ。悟りのレベルが深くなるほど、私たちの神に対する体験は深まる。一般的には神はサイコ・エネルギー領域で体験されている。しかし、その体験は神の深遠な意味についての表面的な反射でしかない。	スピリチュアリティーは超越的なワンネスと個性の原初の種子との接点だ。個人の中で最も洗練された感覚レベルでもある。人間が進化していく段階で意識の中に活性化されていく。

純粋な絶対意識レベル

神	スピリチュアリティー
絶対的存在しか存在しない。神はその絶対的存在だ。それを除く他のすべては幻想で、すべては最終的に神であり、超越的な存在なのだ。	スピリチュアリティーは超越している純粋意識だ。

存在は多面的で、すべての面が異なった視野を持つだけではなく、異なった現実であることに、私たちが気づくことが絶対必要である。宇宙は、同時に存在するたくさんの矛盾した現実の集合体なのである。私たちが縦、または横に移動するたびに現実は変わる。

現実というのは、宇宙が機能するための多様なチャンネルであることを思い出してほしい。一つの現実を他のものより重視する心身の機能は、システム全体に不調和をもたらし、病気をつくっていくのである。

私が初めてハンズ・オン・ヒーリング（手技療法）に関心を抱いた時、このテーマについての文献に矛盾があることに気づいた。ある文献によるとチャクラは金色、他の文献では緑、そしてピンク色だという。ある伝統では、チャクラは蓮の花のように見えるといい、他の伝統では渦巻く円錐形だという。また他の伝統では、チャクラなど存在しないという。

どの解釈が正しいのかと私はよく聞かれるが、答えは簡単である。あなたの選ぶ現実によるのだ。ある意味では全部が正しいともいえるし、正しいものは一つもないともいえる。

もう一度、三つの領域を見直してみよう。表面から深いところまで全体の連続体に沿って私たちが移動していく時、そして同じレベルでも横に移動していくと、私たちの「存在」は変わっていく。自己に対する解釈が変わるだけでなく、違う現実の中で心身機能も変化するのである。健康は、すべての現実が調和して統合することによって得られるのだ。

＊

健康管理について、現在のいくつかの見方を考えてみよう。医者の多くは物質的な現実に強く固執している。彼らにとって私たちの身体は物理的・化学的な仲介によって修復できる機械でしかないようだ。エネルギー（スタミナ）不足を訴えても、元気づけるために処方された化学物質が渡されるだけかもしれない。

私が獣医だった頃、研究所で分析される血液が所定の値に達するまで、患者に抗生物質とかコーテゾンをどんどん打っていたことがあった。すべてが当たり前なのだが、動物たちが惨めに見えた。すべての数値が回復を示していても、元気だと感じられない場合は、トランス・グレイディエントに生きていないという証拠なのだ。

エネルギー不足ややる気のなさを鍼灸師に訴えた場合は、異なった反応が返ってくるだろう。鍼灸師は、人間をエネルギーの構造体として見て、身体を通るエネルギー線に作用することによって癒すことができるというとらえ方をしている。それゆえ、鍼灸師は患者のエネルギーシステムにある障害物を取り除くための一連の治療を施すことになるだろう。

心理学的な立場からやる気を回復させる治療は、患者に内在する混乱状態を意識させるような方法かもしれない。同じ訴えをシャーマンに持っていったら、また異なった治療を施すだろう。シャーマンは私たちを神秘的な存在として見ているので、アストラル界を媒介とした治療を申し出るかもしれない。

私の言いたいのは、これらの療法師は皆、それなりに何か改善策を提供できるという点である。それぞれが存在のグレイディエントの違ったレベルにおいて治療のアプローチをとる。私たちが一つだけに共鳴してそこにとどまっていると、生命を限定することになり、どこかで妥協させられることになる。ＴＧ・ヒーリングは私たちの存在のすべての現実を統合する。自分自身を解放してトランス・グレイディエントに動くことにより、心身がもっと自然に機能するように解放しているのである。私たちはより多くの可能性、自由とダイナミックな力に自分を導くことになるだろう。

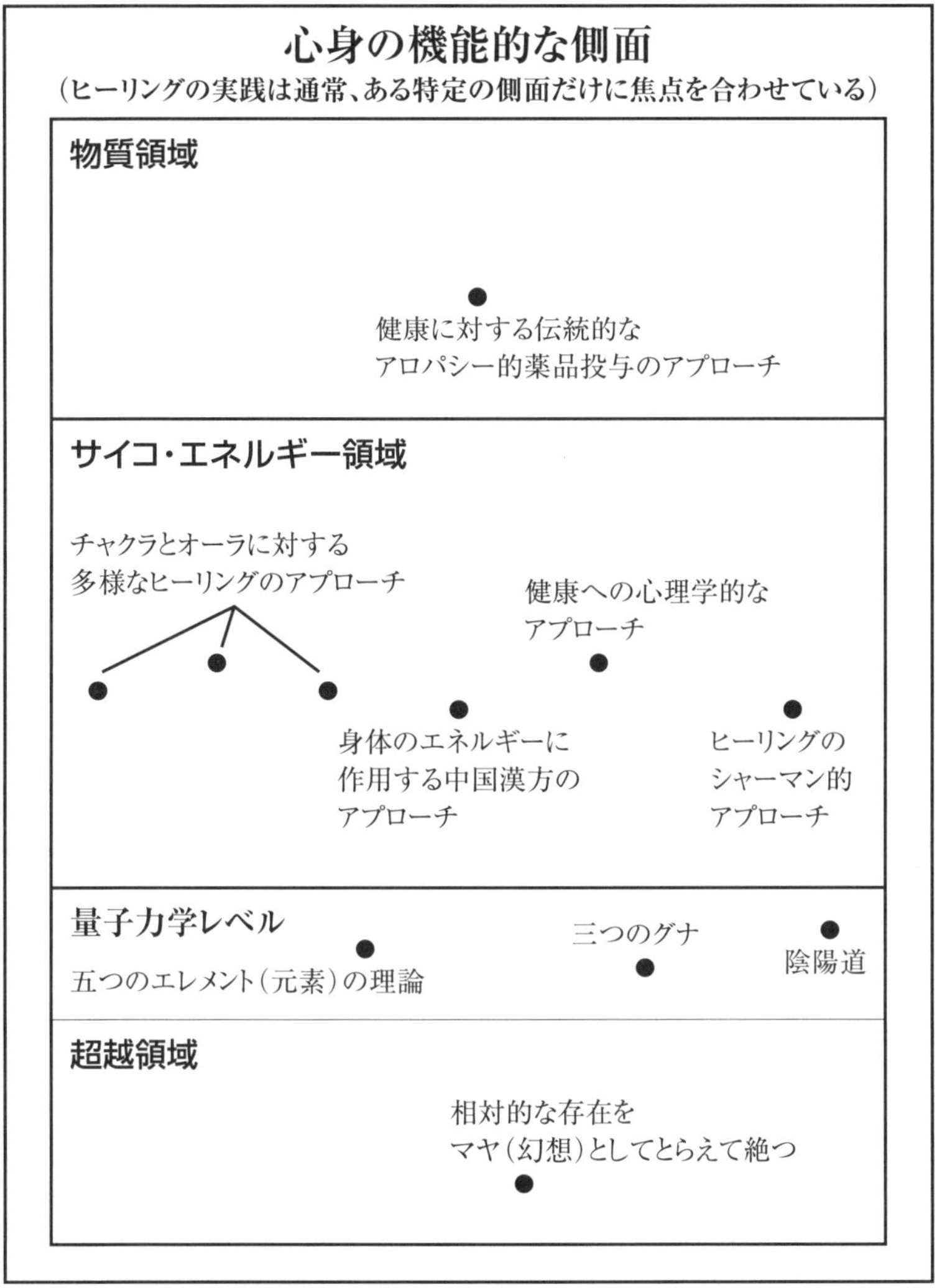

健康とは自分の全体性を保つことである。それぞれの現実も心身の機能の一面（または一つの道）として定義づけられる。健康は一つのアプローチに合わせることによって得られるのではなく、すべての異なったアプローチの統合を通して得られるものだ。

私たちの本質は統合であり、それは調和、健康、幸せ、神聖性、知恵と知性の統一を意味する。私が自分自身に抵抗することをやめたとたん、自分を発見することになる。

＊

自分自身の人生といい関係を保つということは、人生をコントロールしようとすることとは大きく異なる。それは「アンダー・スタンディング」(under-standing)、つまり下に立つということに関係している。アンダー・スタンディングという言葉自体に謙虚さが込められている。何かをコントロールするということは、自分の理解力を自ら限定し、特定の視野を押しつけることである。私たちが何かを「理解する」時、それに執着するのではなく、それに敬意を払いつつ、それを超えたところを見ることができる。私たちは、すべてに多様な次元があり、それが無数であることに気づき、人生や生命の計りがたい深い本質に敬意を抱くことで洞察力と知恵を得るのである。これは謙虚さを含んだ新しいタイプの学びなのだ。

ＴＧ・ヒーリングでは、心身のシステム全体と同時に、個々の特定の問題を認識する。どのような不調和でも、トランス・グレイディエントに波を作り、無数の現実の世界に影響を及ぼしているのである。真のヒーリングには、その不調和の治癒のためにはどの現実が最も適切に対応できるのか感覚的にとらえる知恵が必要となる。

存在の本質を理解しはじめることは癒しの始まりでもあるのだ。

第3章　進化するアイデンティティー

私は宇宙のすべての謎を理解しようと燃えるような情熱を抱いて大学に進学した。探究の最先端をゆく科学こそが、私の探し求めている答えに直接導いてくれるものと信じていた。存在や生命の根底にある構造をもうすぐ解明できるのだと、時は純粋科学に対して世界中の人びとが畏敬の眼差しを向けていた一九六〇年代後半の話だった。謎が解かれる瞬間に私もその場にいて、何らかの形で貢献したいと思っていたのだ。

大学二年では、人類学を選択科目として選んだ。教師はキャンパスでは風変わりな教授としてよく知られていた。彼はキャリアの最初の三十五年間を世界中の動物や人間を観察して過ごし、その時の冒険について余談をするのが大好きだった。彼は気分が乗ると、アフリカのジャングルで観察した猿やさまざまな動物の鳴き声や叫び声を真似しはじめるのだった。

彼のクラスでの一番の思い出は、彼の意味深い洞察力に溢れた言葉で、今日に至っても私の心に残っている。ある時、彼はとても真面目な顔で、人類の進化において、次の大きなステップは異国的なもの、異質なもの、あるいは未知なものに対する恐怖心を乗り越えることだと言ったのである。

私はそれを聞いた時、物理だけでは自分は満たされることはないのだと気づきはじめた。その時、将来自分が、異国的で異質な、あるいは未知なものへの恐怖心を乗り越えて、その進化のシフトを起こす手助けやそのための勉強に一生を費やすことになるなどとは、到底思いもしなかった。本書が目指しているのは、このシフトを理解し、その挑戦の厳しさを推し量り、恐怖心の中を華麗に通り抜けようというものだ。人類は今、歴史上いちばん難しい進化の過程に直面しているのである。

ここで起こるシフトの範囲はあまりにも大きく、今までは、これを理解できるようにし、応用発展できるように分かりやすく説明がなされたことはなかった。

このシフトを理解するためには、人類の恐怖の対象の一つである「未知のもの」が、進化の観点から見ていったい何を意味するのか説明する必要がある。現在の進化の過程では一つの次元の中で考えたり機能したりしている。私たちは人類という種族として、特定の方法で機能するように自分自身を条件づけているのである。私たちは思考や信念のパターンを発展させ、それをアイデンティティーとしてきた。一つを選ぶと、他の思考方法や機能の仕方は自分にとって異質なものになる。条件づけは心の底まで、魂、身体のレベルの奥深くまで浸透し、私たちの現実は条件づけによって形成されている。宗教、政治組織、文化的なイデオロギーなどは明らかな方だが、同じ構造が私たちの道徳意識、個人的な信念、行動様式とか健康状態を形づくっているのである。

橋渡し

遠く離れた異文化同士では、アイデンティティーの違いには際立ったものがある。私たちは一つの方法をアイデンティティーとして選ぶや否や、他の方法を捨て去ってしまう。そして私たちはいったん選んでしまうと、そのアイデンティティーになりきってしまうので、他の方法で思考したり機能する人びとを、とくに相手の方法が自分に挑戦しているように見えてしまう時には、脅威として考えてしまうのだ。

私たちは現在の自分の考え方の中にうまく取り込めるものであれば、新しい概念なり、新しい世界観は問題にならない。もし、その概念が自分にとってあまりに異質で、変わっているように見えると、それは価値がないものとして、あるいは疑わしいものとして受け止める。私たちには本当の橋渡しができないのだ。片方の岸から向こう岸に叫ぶことはできるかもしれないが、一方から他方へ移ることはできないし、移ろうとは思わないのだ。私たちは自分の物の見方を固守し、アイデンティティーを保てるように翻訳や妥協や共通項を求めようとするのである。

もし、それがうまくいかない場合は、異質なものを自分の考え方に同化させようとし、あるいは、異質なものがもたらすと思われる危険をどうにか中和させようと努力する。自分で選んだアイデンティティーが、現実に何を受け入れていいかを決めていくのだ。そのアイデンティティーが危険に晒されると、自分の経験した人生や世界が危機に晒されることになる。今まで持ち続けてきたアイデンティティーなしに私たちはどうしたらいいのだろうか。答えが分からない私たちは怖くなり、脅威としてとらえた相手を何とかしようとするのである。

人類の進化における次の大きな一歩は、挑戦的な恐怖をもたらすこの限界から自分を解放することである。この変化は単なる態度のシフトではなく、心身機能のシフトである。この一歩は、本書の初めに紹介した用語「トランス・グレイディエント」に生きるための一歩である。私たちがトランス・グレイディエントに生きはじめると、私たちは多次元の存在になり、自分が誰であるかというアイデンティティーを守る必要がなくなるのである。

ニュートン力学による思考の条件づけ

人間の思考は多様かつ大幅に条件づけられている。その中で一番よく知られているのはニュートン力学の観点で、これらは科学革命、産業革命、コンピューター時代を通して人間の思考と機能を支配してきている。現在、ニュートン的思考と科学的方法は他のモデルの機能を計るバロメーターとして受け止められている。もし何かが合理的でなければ、私たちはそれを根拠のないナンセンスだとして切り捨てるだろう。

合理的なニュートン的発想は多くのスピリチュアルな動きや道徳的な動きに混乱を与えてきた。これらの分野に見られる前提が合理主義者の緻密な分析にめちゃめちゃにされるのだ。合理主義者の目から見ると、ほとんどの道徳基準はよく見ても都合あわせにしか見えないので信頼がおけない。道徳はコミュニティーに社会的秩序や権威を与えると議論できるかもしれないが、それだけでは古代につくられた規範を合理主義者が受け入れる理由としては不十分である。

私たちの多くは神の存在を感じている。宗教は人気のある視点の一つである。宗教は生活の構造や規範を提供してくれ、この構造の根源は神だと述べる。これらの規範に反する行動をとると、悪いカルマが生じたり、その反則が深刻なものであれば、永遠に地獄に閉じ込められるとされている。合理主義者の観点から見れば、これは古代の統治者たちが大衆を管理するためにつくった規範だというであろう。

これらのどれをとっても、いったん自分のアイデンティティーとなると根が深いものとなる。神が誰であるか、神は何であるか、そして私たちには何が求められているかに関する意見の違いのお陰で、宗教戦争が続いてきた。中近東で行われている聖戦（ジハード）もその一つの例である。

私たちの多くは、合理的な観点、宗教的またはスピリチュアルな観点、どちらにも共鳴し、それらの観点の対立を絶えず調和させようとしているようだ。自分たちの中の異なる意見にはどう対処したらいいのだろうか。私たちは物事を区分化する。肉体的な健康については科学を選び、そして心理的・霊的な健康の管理に関しては宗教に任せるかもしれない。そうでなければ、考えること自体を拒否するかもしれない。考えるということは、私たちの人生の中核に横たわる矛盾に直面することを意味するからである。

一見、無関係に見える分野同士の学問を統合する試みがなされている。ある医者は、健康への理解を深めるために身体と心のつながりを探しはじめている。彼らはハーブの自然な治癒力を再発見しはじめている。しかし、このアプローチは確かに価値があるとしても、まだまだ視野が狭すぎる。

たとえば、伝統的なアロパシー（逆症療法）の医者が古代のハーブ療法に基づく健康法を理解しようとすると、すでに確立されたアロパシーの観点から研究しようとする。科学的原理を持ち込み、「どれが重要成分なのだろうか。それを隔離して抽出できるだろうか」と、彼らはハーブを製薬に仕立ててしまう。ハーブ療法はアロパシーとは根本的に異なったアプローチを持っているので、そのシステムが発展したところのパラダイムから理解されなくてはいけないのである。

ハーブ療法をアロパシー的に見るのも洞察力を与えてくれるかもしれないが、ハーブ療法の伝統の外側から学ぼうとすると失われるものも多い。そのようなアプローチの結果は、深く華麗で効果的な知識体系の損失である。

最近、ハーブ療法への理解をより深いものにしたアンドリュー・ワイル氏のプレゼンテーションを見る機会があった。彼の貢献は素晴らしいのだが、そこに危険性もある。ハーブ療法の伝統は何千年もの間に発展して、とても複雑で洗練されたものになっている。その知識を適用するのに、療法師は人間の生理学をハーブ療法の伝統的な立場から理解するだけではなく、「そのシステムの観点に立って」、さらに治癒すべき病との関連で、ハーブ同士がどう組み合わさって機能するのか理解する必要もある。このような配慮は西洋人の頭には論理的とか合理的に映らないであろうが、無視されると患者にとっては危険な場合もある。

一つの例をとってみると、朝鮮人参はたくさんの効能がある素晴らしいハーブだ。しかし、間違った状況で飲んだり、他の特定のハーブにサポートしてもらわないと身体にとって害になることもある。東洋的な観点から見ると使用範囲ははっきりと定義されていて、古代漢方の言語で説明されている。西洋の薬理学ではそれらの違いを認めていないのである。

本書は一つの発想と他の発想との和解を超えた地に私たちを運ぶものである。私はスピリチュアリティーの合理化や合理主義のスピリチュアル化を意図しているのではない。人間であるということはどういうことで、人生とは何か、そしてどうしたら人生の可能性を最大限に生きることができるか、私たちは探究していくのだ。このアプローチは自分の特定な側面を捨てたり妥協せずとも、自分が誰であり、何であるかに身を委ねさせてくれる。

私たちは今、想像し得るすべてを超えるドアの前に立っている。この変容はコンピューターや宗教によってではなく、自然な進化によって起こるものだ。この理解は、生命と同じほど精妙である。それはいま現在、自分のあり方であるそのアイデンティティーの目を通して、私たちは変化していくのだから、余計、そうでなくてはならないのである。

第Ⅱ部

若き日の経験

重要なのは問いかけをやめないことだ。

——アルバート・アインシュタイン

第4章　トータルな健康

私がインドにいる時、有名な聖者についていろいろな話を耳にした。彼は病人を癒し、空中でお金や宝石を物質化できるらしい。彼に会いに世界中の人びとが訪ねて来るとのことで、私は彼の起こした奇跡の話を聞けば聞くほど好奇心が湧いたのだった。

私は彼の住む村まで旅をして、迷路のような道の先にある小さな小屋を教えてもらった。その聖者は小屋の前の階段に座っていて、この上ない喜びに浸っているかのように微笑んでいた。私が今まで聞いてきたインドの聖者やグルのイメージ通り、彼は長い灰色の巻き毛を肩まで垂らしていて、鋭い輝きのある目をしていた。私たちが話している間、彼は私の魂まで見通しているようにも見えた。彼の物静かな声も祝福そのものだった。

しかし彼の身体はひどい状態だった。この聖者の身体の傷口は開いたままで、肌は灰色がかった不健康な色で、ひどい栄養失調のようだった。足は虫が穴をあけているのに、彼は気にしていなかった。私には彼が矛盾のかたまりのように見えた。無上の喜び、エクスタシーに浸る彼は、自分の肉体にはまったく無関心で、不快な状態も気にせず、痛みを超えたところにいたのである。

この人はヒンズー教徒が言う悟りの境地に到達していた。彼は自分の内面に人生の超越した側面を発見したと言われていたのだ。彼との出会いは印象的であったが、何かが変だということも私は感じていた。彼の魂は喜びに溢れていながら、肉体はもうバラバラになってきていた。当時の私には自分の観察したことをどういう風にとらえていいか評価の基準がなかった。自分の体験をどう解釈していいのか分からなかったのだ。私は混乱し、困惑し、首をかしげながらその場を去った。

聖者を訪ねた後、私は当時住んでいたアシュラムに戻った。友人たちは私がその出会いを全然話題にしないのを不思議がった。私は何と言っていいのか分からなかったのだ。聖者からは平和と喜びが伝わってきたのだが、彼の不健康な状態は、私にはどうすることもできない鋭いトゲとして私の中に残ったのだ。

数カ月の間、私はその出会いについて考え、そのうち自分が今まで経験してきたいくつかの状況ととても似ていることに気がついた。一つは、自分の人生の要となるような話し合いを大学の物理の教授とした時のことだった。私は若い頃、生命について最も重要な答えを出してくれる唯一の学問が物理だと感じていた。研究者は何一つ、当たり前のものとして受け取らず、生命や宇宙に関する私たちの経験知を慎重に問い直すよう自分を制し、問いかけを数学という精巧な言語に置き換えていくのだった。私には物理が最も意味深い問いに対する、最も意味深い答えを用意しているように見えた。概念や方法論も素直に受け止められたので、結局、私は大学では物理を専攻した。

ある日、物理の教授が私の将来について話したいというので、呼ばれて行った。教授は私に、立派な物理学者になれるから、自分の歩んできた同じ道を歩み、熱力学の研究に一生を捧げることを考えてみてはどうだろう、と言ってくれた。彼は、研究への新たな可能性と政府の補助金や大きなお金につながる産業との契約についても語った。

彼が話している間、私は彼を観察していて、彼の行動に目を奪われた。彼にはいろいろと奇妙なところや変な癖、そして局部的な痙攣《けいれん》もあった。私は三十年後、学生の将来について語りながらピクピク痙攣する自分の姿を想像して、これはダメだと思った。パズルの大きな部分が欠けているという感じがした。存在の方程式を出すのに物理では不足なのだった。

他の道を探さなければいけないのは分かっていた。物理は大好きだったが、同時に、この教授がひたすら学問に打ち込み、それなりの成果を上げてきたとはいえ、人間として何かが欠けているとしか思えなかった。彼の後を行くのでは、自分は絶対に満たされないと思った。研究室にいる教授と小屋の横に座る聖者のイメージが並んだ。

私は大学の専攻を獣医学に変え、単位を全部取り終えた。そして動物の病気や怪我を治す仕事に就いたのだった。日常の診察は、大学で訓練されたようにこなしていった。毛むくじゃらの患者たちに薬を与え、メスを持って手術を行った。

しかし、長年このような治療をしているうちに、治療した動物たちがだんだん悪くなっていくように見えはじめた。私が与えている薬の副作用が、それにかんでいるのは一目瞭然だった。私はがっかりした。またもや何かが欠けていたのだ。大学で学んだ方法以外に、何か方法があるはずだと私は思った。

私はもっと効果的な技術を求めた時、ハンズ・オン・ヒーリング（手技療法）について知りたいと思った。これは癒しの中でも、身体の電磁気フィールドを利用するという、目にはっきり見えない要素を持つ新しいパラダイムだった。デモンストレーションは劇的で、とても面白かった。ハンズ・オンは新しい考え方、そして健康の新しい見方を提供してくれたのである。

しかし、ハンズ・オンの教え方が理にかなっていないことに私はすぐ気づいた。教師たちは自分たちの仕事の根拠となる科学的な基盤を軽く説明するのだが、いざ実践となると気が狂ったようになり、観客のために演技をし、手を振り回す。ほとんどが人を惑わすキラキラとした演出と迷信で固められているのだった。

やはりここでも、パズルのパーツが一つ欠けていると思った。でも私には、まだ欠けているものが何か分からなかった。

＊

私はどの分野の人間も自分たち以外の他の分野の九〇パーセントを無視していることに気づいた。グル、物理学者、伝統的な西洋医学の医者、エネルギー・ヒーラー、心理学者など、誰もが自分たちの選んだ「現実」をそれがすべてだと思い込んでいる。同じ「システム」について異なったウィンドーを持っていて、その枠の中で仕事をするのだった。私は「靴屋はどこを見ても皮しか目にとまらない」という格言がいかに当たっているか気づきはじめたのである。

＊

長い間、私は健康とヒーリングについてのあらゆる考えを研究したが、どれをとっても何かが不足しているという感じが常にあった。私は自分の観察したことをどうにか統合できる方法はないかと模索していた頃、インドの聖典『ヴェーダ』の伝統を受け継ぐ、悟りをひらいたマスターを交えた会議に出席したのだった。

その会合に参加しているヨーロッパの医者がマスターにヒーリングと健康について説明してほしいと頼んだ。マスターは一瞬静かになり、隣りのテーブルに置かれているビーズでできたマンダラに手をのばした。マンダラの中心には多面的にカットされたクリスタルのビーズがはめ込まれていた。マスターがこのビーズを親指と人差し指で持つと、マンダラはヴェールのように彼の手にかぶさった。彼はビーズをゆっくりと指先で回し、太陽の光にかざし、壁に虹の模様をつくった。ビーズを回すと、模様は変化した。マスターが話すうちに、私が何年かを通して経験してきた状況が見えてきた。彼は、健康とは多次元的な生命活動すべての統合だと言った。健康は全体性（ホールネス）であり、自分のあるがままのすべてが統合されたものだと。

マスターは、私たちはたくさんの異なったレベルに同時に存在し、私たちには肉体や感情の自己、精神的な自己、そして超越的自己があると言った。どのレベルをとってもそれ独自の本質と法則がある。一つのレベルの法則を他のレベルのものと比べると矛盾しているように見えるかもしれないが、すべてのレベルは互いとつながり合い、互いを反映し合っているのだ。健康が獲得されるのは、自己がどのレベルでも機能して、他のレベルと調和を保つことができた時である。

彼は、人生はこれらのモデルを通して見られるだけではなく、人生は現実を象徴する複数のモデルを通して機能しているのだと続けた。実際、そのように、モデルを通して見ること自体、機能の一部なのである。その話を聞いた瞬間、自分の中で何かがピタッと決まった。自分に不足していたのは大きな人生の構造を理解することだった。今までのどの状況でも、私は一つの道、一つの見解、一つの現実、一つの機能しか選択していなかったのだ。人はまるで一つの見解をマスターすることによって、一生をマスターできるかのようにそれに執着するのだ。それでうまくいく者は一人としていなかった。自分の他のレベルが認知されていなかったからだ。私の出会った聖者は霊的なレベルでしか存在せず、肉体をおろそかにしていたし、物理学者は頭だけを使い、霊的な部分とか肉体は認識していなかった。ハンズ・オン・ヒーラーはエネルギーだけが鍵だと思い、アロパシー医学の医師は霊的なレベルも感情も努めて無視していたのである。

人間のマインドは自然の一部なのだから、このように一つのアイデンティティーをつくっていくのは成長の自然なステップなのだとマスターは続けた。マインドは存在の一つのあり方、一つのモデルと共鳴して、それを通して機能するのだと。そして人生すべてが、その一つのモデルによって定義づけられてくる。その上で、マスターは執着が幻想の源だと言った。その幻想にとらわれてしまうとそれが病気の原因となり、一つの要素に執着すると自分の道から外れ、全レベルの統合性を壊してしまうのだ。

マスターは、悟りやヒーリングへの道は人の数だけあると説明した。一つの道はいろいろなモデルを探究しながら、「これは違う。これも違う。これは真実すべてではないし、これも違う」と言いながら進む道である。最終的には、限界のある見方はすべて捨てられ、それを超えたところにある存在のもっと大きな絵が見えてくる。限界のある見方が悪くて捨てられるべきだということではない。それも必要なのだ。しかし、一つのものにとらわれると自分の人生にアンバランスを持ち込むことになる。

バランスと統合は態度とか哲学、知的な理解とは異なったものであり、これらが肉体的な健康を創造するのである。

普遍原理・3　健康とはトランス・グレイディエントな統合である。

マスターは一粒の種を植え、私はインスピレーションを受けた。今までのそれぞれの経験はつながっていたのだ。私は健康の本質が理解でき、そしてその新しい知識を実際に活用できる方法を見つけるのに熱中した。私は自分の進んでいく道がちらちらと見えはじめ、どのような行動をとれば、時空連続体、全システムの統合とバランスを得ることができるか想像しはじめた。

私はヒーリングのさまざまなモデルを学び、どのアプローチにも効果的であるためには、システムに内在する矛盾を認識しなくてはいけないと思った。対象の本質が深遠で理解しきれないものでありながら、同時に、癒しを効果的に促進させなくてはいけない。私は自分を空白にして、何も「知らない」という状態を通して物事を「知る・学ぶ」姿勢を模索していた。私は針金細工のおもちゃが意味するところについて、もっと理解する必要があった。結局、有効なアプローチが見つかるまで、私は何年もの経験と成長を有することになった。

第5章　精妙な感覚を認識する力

触診

獣医として開業していた頃、通常、診察費にはレントゲン、血液検査、医薬品、労賃などが含まれる。費用を飼い主に説明すると、「先生、この犬は十五ドルで手に入れたんだけど、そのくらいで治せませんかね」などと言う。

たびたび出されるこのような要望に応えるために、費用のかかる診察は最小限にして、ヒーリングを多くする必要が出てきたのだ。私は診察台で苦しむ動物たちのために、レントゲンや検査機器による診察を行わず、自分の知識のすべて、そして自分の感覚すべてに集中して、動物の状態を的確に判断する必要があった。飼い主がお金を出す用意があっても、ほとんどの獣医はＣＴスキャンとかＭＲＩなどは使えない。高額なレントゲン設備など獣医のクリニックには置いていないからだ。獣医は自分の手の感覚、何が感じられるかに頼ることになり、この技術を触診と呼ぶのである。

触診は医学校でも同じように教えられていて、患者が人間でも動物でも変わらない。触診はＣＴスキャンとかＭＲＩテクノロジー以前には、医者や獣医たちに広く用いられていた技術である。今では、医者は触診よりハイテク技術を多く使うが、まだ触診を実践している腕のいい医者もいる。

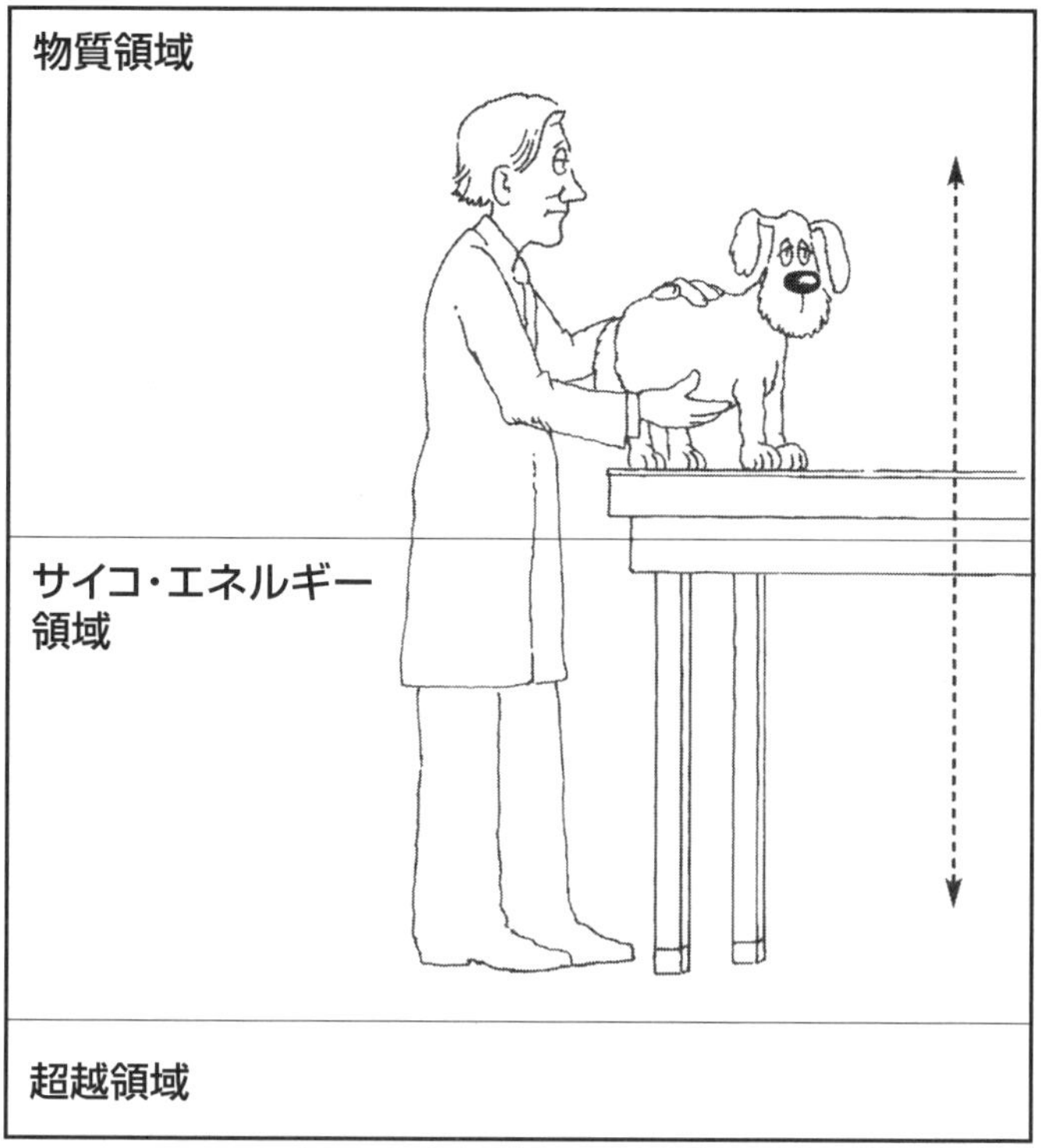

大学の獣医学部では、腹部の内壁を通して内臓の状態を手で感じ取るという触診の技術を教わった。私は知らず知らずのうちに感覚が鋭くなり、肉体からサイコ・エネルギー領域へとトランス・グレイディエントに移動できるようになっていった。私はそれぞれの臓器の精妙な脈動が健康であるか否か感じられるようになり、そして臓器が第三の目で見えるようになった。これをSSP（サトル・センス〈精妙な感覚〉を認識する力）と呼ぶ。この能力を使う医者たちは他にもいるが、それを説明するのに異なった言葉を使っている。これは私たち人間にとって極めて自然な能力で、ただ少しの練習が必要なだけなのだ。肉体から始めてトランス・グレイディエントに移動することが肝心だ。コツをつかめば簡単で、すぐ腕は上がる。

私が触診を学んだ時、まず立っている犬の下腹に両手を当てて、いろいろな臓器の感覚をつかんでみるように教えられた。最初は、何か袋状のふにゃふにゃするものを感じるだけで、ただ温かい、毛むくじゃらなオートミールの袋詰めみたいなはっきりしないものしか感じられず、ひどくがっかりしたものだった。

私は努力を続けたが、なかなか感覚がつかめないので苛立ってきていた。ある夜、私は床にころがって猫と遊んでいた。何の考えもなく、私は猫の腹の上に手を置いてみた。その瞬間、何かがひらめき、やっと腎臓の感覚がつかめた。一度コツをつかむと、もう一方の腎臓、胃腸、肝臓、膵臓それから胆のうまで、全部揃っているのが分かった。とても微妙な感じだがはっきりとしていて、想像していたのとは全然違う感覚だった。

私の触診技術は上達し、毎日、何十回も行う診察の一部となった。十五ドルの犬のような要求は定期的にあり、触診能力を伸ばしていく必要があった。触診はとくに目立つような技能ではないが、それでも広く受け入れられ利用される単純な道具のようなものだった。

次に登場するジョージが来るまでは、実は私もあまりこのようなことを考えることはなかった。

ジョージ

開業して何年かたつと常連の患者さんが通ってくるようになり、その中にジョージという飼い主がいた。私は彼を「虫男」として記憶しているが、出会いのきっかけは家のシロアリ退治を頼んだことだった。それから何年かのつき合いがあり、お互いにあまり気を使わない間柄だった。彼の犬はホーラスという名で元気のよい黒いプードルだった。私はホーラスを診察しながら、ジョージに自分が気づいたことを話した。「肝臓は大丈夫のようだ。腎臓もいいね。膵臓もいい感じだ」

ジョージを見上げると彼はにやにやして、首を振ってこう言うのだ。「そんなこと分かるわけないと思うんだけど、かっこうつけているんでしょう」。私は面食らってしまい、笑いながら「獣医学校で習ったんだ」と言った。「もちろんそうだよね」と、彼はにやにやしながら首を振って冷やかすのだった。

その瞬間を私は生涯忘れることはなかった。そしてインドのマスターが昔、プリズムのようなクリスタルビーズを光に当てて述べた言葉が蘇ってきた。私は一つの次元から次の次元に移っていたのだった。肉体次元では動物のお腹の中にあれだけ深く入り感じることは不可能だが、サイコ・エネルギー領域では苦もなくそれができるのである。

これは飛躍というものではなく、連続性という考えに近いものである。一つの領域から次の領域へ、肉体領域からエネルギー領域へと、滑らかに、自然に移行したのだった。インドのマスターがクリスタルビーズを回しながら言った通りだ。壁に映る虹の模様は容易に少しずつずらすことができる。一つの次元や観点から次へと移っていくのだ。私は単に獣医学校で教えてもらった触診の方法を使っていただけだったが、いつのまにかそれ以上の技術になっていたのである。

腕のいい医者だったら、自分の中で臓器とか折れた骨の詳細まで「見える」ものだ。世界中にこのような感覚能力を開発した素晴らしい外科医がいる。もし彼らに、あなたたちは「霊視能力」を使って「エネルギーを読んでいる」のですね、などと言ったら、彼らは私たちを気違い呼ばわりするだろう。彼らは実際、それを行っているのだが、それについて彼らが話す時はまったく違った言い方をするのだった。

グランドキャニオン

ある年の夏、私は友人たちとグランドキャニオンに旅をした。私たちは、赤い岩肌の素晴らしい景色が眺められる見晴らし台を見つけた。その景色は、永遠と続く赤い岩の丘陸で、信じられないほどの深い谷があり、迷路のように全方角に広がっていた。私たちは澄んだ空気を深く吸い込み、めったに味わえないような完全な静けさを味わっていた。この壮大な渓谷を見下ろして立つと、畏怖の念に満たされていくのだ。

この場所に着いて数分たった頃、ミニバンに乗ってきた典型的なアメリカ中流階級の家族が私たちに加わった。お父さん、お母さん、それに三人の子供たちが車から降りてきた。子供たちは崖の端まで走っていき、まもなく彼らの両親も子供たちの方に行った。家族が、この場所のパワーを感じ取っているのは明らかだった。そして彼らはとても静かになった。彼らの心がどのように動いているか私には分かった。インドのマスターのもとで私が経験した、とても精妙な瞑想状態に入っているような感じだったのである。

彼らがこの光景を味わっていると、もう一台、ワゴン車が到着した。頭にヘッドバンドをして、フリンジのついたバックスキンのジャケットを着込んだ五、六人が、鳴子や羽根を手に持って車から降りてきた。彼らは大声でエネルギーについて語り、ここはエネルギーの渦の中だと言い合いながら、自分たちの独特なやり方でエネルギーを取り込んでいたのだ。

彼らが羽根を振ったり無神経に振る舞ったせいで、先に来ていた家族の静かなひと時を台無しにしてしまった。疎外感を感じた家族はまもなく帰って行った。彼らが帰ると、ワゴン車の連中は瞑想をしたり、自然と親しむために輪をきちんとつくり地面に座った。最初の家族とこのグループには大きな違いがあった。

両方のグループとも同じ場のエネルギーを体験したが、ある意味で家族の方が場に対して敬意を払っていたといえる。しかし、あとのグループによるエネルギーの探究も、場と彼らの関係がまだ成熟していないのは確かであるが、それなりに意味があるのだった。

デーヴァと地球の精霊

子供の頃、家族と一緒に南オハイオ州の山に行ったことがあった。私たちは美しい景色の見える小さな小屋に泊まった。私は毎朝、明け方に起き、毛布にくるまってポーチに座り、美しい湖の方から日が昇るのを眺めていた。湖水の上には朝霧が漂い、朝露が草葉の上で光っていた。東の山の上に日が昇る頃、陽光が鋭い角度で谷に落ちていった。これは何度見ても魔法のようで、見るたびに変化していて絶妙な光景だった。

空気が澄みきったある朝、私はとくにいい気分で湖まで歩いて行き、地面に毛布を敷くとオークの大木に寄りかかった。湖水は霧がかっていた。私はこの環境の神聖な感覚に自分を解放し、その中に自分が安らぎを見つけ、楽しむのを心に許した。私は妖精や地球の精霊たちの存在を想像してみた。すると私は、このような感覚に抵抗し、こんなのは馬鹿げているという自分の小さい頃から影響されてきた見方に引きずられた。しかし、私は新しいものの見方に機会を与えようと決心した。一体、何が怖いというのだろう？　自分が馬鹿に見えるのだろうか？　誰も知る由はないのに。

私は、魔法にかかったようなこの場の感覚に自分を取り戻した。湖水の上を精霊たちが踊ったり、動いたりする姿がもう少しで見えるような気がした。これらのエネルギーは、はっきりとそこに存在し、私はそれを感じていた。その存在を天使とか妖精として見る必要はないにしろ、そのように解釈することもまた、可能なのだと気づいたのである。私は自分に、湖のエネルギーの霊的な存在であるデーヴァたちを見ることを許した。彼女は湖の上を浮遊して、ドレスの裾が湖水の上に漂う霧のように見えた。私は彼女の存在を感じることができたのだった。その感覚を通して私は彼女を知ることができ、私はその姿に打たれ、その経験を味わいながら、しばしそこに座っていた。私は彼女に聞いてみたい質問を考え、もし私が彼女だったら、どんな答えを出すかと自問してみた。不思議なことに、女性の声が返ってくるのを私は聞いた。私は、もたげてくる疑問でこの冒険を中断させたくなく、考えるのはあとでいいと思いを振り切ったのだった。

水晶

ある日、私はサンフランシスコの北、マリン・カウンティーにあるニューエイジの書店にいた。店内をぶらぶらしていると、展示用のカウンターの前にいるカップルに視線が行った。彼らはキャンディーのようにピカピカした色とりどりで、さまざまな形の水晶を眺めていた。二人はそれぞれの水晶の持つ霊的な

天使や精霊たちを見るのは簡単だ。その場の雰囲気を感じ取ってそれを擬人化するとどんな姿になるか自分に問いかけてみる。自分の心の中で絵を描いてみよう。達人と初心者の一つの違いは、達人の場合、その経験をあるがままに起きてくるのを許していることで、初心者は疑問を挟んでしまう。もし怪獣や化け物を見たいと思ったら、暗く汚い路地を歩いている時に、その場を擬人化したらと想像するといい。これは人間に備わっているごく自然な能力だ。私たちの合理的な自己が介入すると、それを空想と呼んで拒絶してしまう。子供には自然に見えていても、大人が合理的なものの見方でそれを中断させてしまうのだ。

パワーを示すチャートを調べていた。そのチャートを読みながら、どの水晶がいいか選ぼうとしていたのだった。

私には彼らが自分たちの感覚能力を捨てているように見えた。水晶の霊的な力を判断するなら、自分自身にそれがどのように「感じられる」か聞いてみるのが一番である。石を手に取り、自分とその石が向き合った時に、何らかの印象が湧いてくる。石を見た時、どんな感じがするだろうか。今、自分はどの石が好きなのか。その感じは柔らかいのか堅いのか。すべての感覚を使って水晶を体験し、どれだけ自分の心に触れたのか気づけば、それが自分に合っているかどうか分かるはずである。水晶のチャートを作った人も同じようにしてチャートを作ったのだ。水晶のエネルギーを感じるというのは、水晶に内在する波動を感じるのではなく、水晶が自分の中からどのような波動を引き出すかということなのだ。

私たちが素直に向き合えば、精妙なエネルギーを感じる感覚はすぐに研ぎすまされる。人びとは私たちをサイキックだとか霊能力者とか呼び、特別だと言うかもしれない。しかし実際は、常識で考えるより、ずっと広い範囲で感覚を使うことが可能なだけなのだ。それには、きちんとしたアプローチでその感覚を鍛える必要がある。

第6章　ワンネスに戻る

その夏、私はマスターに会いにアシュラムへ帰った。インドの夏は非常に暑いが、夜は多少涼しい。そのせいで、マスターは日が暮れた頃に講話をするのを好んだ。大勢の人が師の話を聞くために集まってきた。彼はとくに満月の夜に、このような集まりを持つのを好んだのだった。満月の夜は人工の光に邪魔されることなく、サフラン色の衣をまとった師が、淡い銀色の月光にシルエットが写し出されるように私たちの前に座るのだった。私たちの周囲には輪のように松明《たいまつ》が焚かれ、その煙が虫除けになっていた。

このような講話は、大好きな叔父の久しぶりの訪問のようにわくわくするのだった。皆にとっては冒険に臨むような心地だった。話はいつもゆっくりと少しずつ、マイペースで、長い沈黙によって区切られながら語られていった。師の話し方は、内容を振り返って考えさせるようなものであったが、次に話すことを考えているのか、話したことを聞き手が理解できるように時間を与えているのか、私たちは知る由もなかった。師が沈黙すると、私たちもいろいろと考えながら静かになり、彼が話しはじめると、私たちの注意は即座に師に向けられた。

ある晩の講話で、マスターはずいぶんと長いあいだ沈黙していた。松明が燃える音や、薄暗い光の中で遅く来た数人が座ろうとカサカサと音を立てているのを私は聞いていた。

準備ができると、マスターは薔薇の花がどうやって花びらを開いていくか、自然の進化の過程について語りはじめた。彼は私たちに、私たちが薔薇の蕾を手に取って咲かせようと、そのベルベットのような花びらを無理やりに引っ張っていったらどうなるか考えてみるようにと話した。花びらを丁寧に一つの方向に引っ張り、次の花びらを反対の方向に引っ張り、自分のイメージ通りの薔薇をつくろうとするのだ。重なっている花びらを一枚ずつ、花が中で待っているかのように開けていくのだ。もし私たちがそのようなことをしたら、薔薇の蕾は明らかにバラバラになってしまうだろうと彼は言った。

マスターは一瞬、間を置き、水をすすり、人間のスピリチュアルな成長においては、自然の進化過程に反する行動をとることが多いと説明した。私たちはせっかちになり、その探究という名において、花びらを引っ張り開こうとしている。子供の頃から、私たちの花びらはすでに曲げられてしまうのだ。どういう行動をとり、どういう考え方をするかを押しつけられ、これらのパターンは生涯を通じて強化されていくのである。

マスターは続けて次のように言った。賢い農民は大自然を相手にそれをどうこうしようとは言わない。彼らは、大自然の歩みを促すようにすれば、一番うまくいくことを知っている。その過程を遮《さえぎ》らずに穀物が自然に成長していくことに役立てばいいことを知っているのである。干渉は無駄で、時には障害にさえなることに気づいているのだ。同じようにスピリチュアルな教えの極意は生徒の自然な発展を促進させることにある。成功する教師というのは、蕾がどのように開花するのかにとらわれずに、開花する環境をどうやってつくるのかをよく知っているのである。

そしてマスターは、その蕾の本質を理解するためには存在自身の構造と本質を深く見つめることが重要であり、それは相手が人間でも花でも同じだと言った。存在の構造と本質を理解するためには、唯一、存在しているのは純粋意識だけであるという古代のマスターたちの教えを知ることが必要なのである。すべて存在するものは、その一つの純粋な意識から生まれてくるのである。

彼は、「意識」とは唯一、存在するものであり、その本質として「意識をしている」と説明した。そして、私たちを見て「もし、意識が存在する唯一のものであったら、何を意識することができるだろう」と聞いた。彼は私たちの集まりを無邪気に見回して、にっこりと微笑んだ。私たちは「存在自身です」と答えた。彼はまたにっこり微笑むとうなずいた。

意識は存在するすべてなので、存在する唯一の自分自身を意識するのだ。その瞬間、何か特別なことが起きる。鏡に写る自分の姿を垣間見る瞬間のようなものなのだ。一瞬、誰か他人が部屋にいるのかと思うのだ。意識が自分自身を見ると、自分以外の者として解釈する。その瞬間、一つから二つのものが生まれる。意識と自分を意識する意識。一つから二元性が生まれるのである。

一度、二元性が生まれると多重性が始まる。意識は即座に二元性を意識し、その二元性を意識する意識と、他方では自分を意識する意識がある。鏡の家のように、意識は自分と相互関係をどんどん築いていき、それは永遠と続き、宇宙に広がる、目の眩むような構造を創造していくのである。

この作用はあまりにも複雑になり、相互関係が複雑になり、活動の嵐の中で、基礎的な理解が失われ、私たちは自分を失い、足場（グランディング）を失い、表面の価値観やこの相互関係の不思議さに惑わされていくのである。

マスターは静かになった。彼が沈黙している間、私の頭の中は忙しく動いた。私はマスターが自分の内面の経験から、物理学者たちが「ビッグバン」（宇宙爆発起源論）と呼ぶ過程を説明していることに気づいていた。「ビッグバン」が創造された過程を彼は説明していたのだ。同時に彼の言葉から、例の針金細工のおもちゃに意識が戻っていった。

存在にはとても精巧な構造、水晶のようなマトリックスがあることに私は気づいた。無限に多様な表面の仮想パターンの下には明瞭な構造があり、これらの仮想パターンは下に基礎としてある構造を反映しているのである。私には二種類の知識があることが分かった。それは、それぞれが孤立したパターンの知識であり、通常、私たちがさまざまな知識の分野として見ているもの、そしてもう一つは全体的な知識である。

マスターが再び話しはじめた時、彼がいま説明したすべては存在の持つ脈動の外側へと広がる動きとして見ることができると言った。ワンネス（一つであるところのもの）が外側へと何回も倍増、多様化されていき、自分の創造の鏡の部屋から、広莫とした複雑性へと向かうのである。師は内側に向かう動きもあると言った。私たちが心の中で感じるワンネス、統合された一つに戻りたいという切実な気持ちに、この内面に向かう方向が見えると師は言った。この内面への動きは自然のあらゆるところに存在していて、どこにでも見えるという。愛する人の声を電話で聞くと、会いたいと思う気持ち、愛し合う時も、この一つになりたいという切実な思いがある。楽器と心から一体になり、自分の感情に声を与えたいと切実に感じる時も同じである。鮭が自分の生まれた川の上流に向かうのも同じである。年老いた樹が朽ちて、地に戻る場面にも、それが見える。太陽のまわりを回りながら、惑星が自らの軌道から外れないのも同じだ。これは人間の存在に浸透する宇宙の法則である。この法則により草木は育ち、鳥はさえずるのである。

ワンネスに帰る願望は重力のようなものだ。それは存在して、私たちはその引力の中に存在する。こう言って師は講話を終え、私たちを残して去った。

普遍原理・4　存在するものは、すべてワンネスの引力によりワンネスに戻る。

マスターの講話が終わった後、私は泥道を歩いて帰った。聞いたばかりの講話の意味を考えて、頭の中は渦を巻いているようだった。ダーウィンは進化の謎の多くを解いたけれど、それがすべてではないと述べている科学者の記事を思い出していた。統計的に見ると、種族が完全にアトランダムな選択によって進化していたのであれば、ここまで来るのに本当はもっと時間がかかったはずだと書いてあった。記事の中で、この科学者は、単純なダーウィン進化論が予想したよりもっと加速したスピードで種族を進化させている、まだ認知されていない力があるはずだと述べていた。そこで私は、師の言っていた統一への重力、統合と調和に向けて私たちを引っ張っている力こそが、その生物学者が探している力ではないかと思った。

そして私は、調和と統合に戻ろうとする自然の傾向をどうにか補助すること、存在する生命の自然の脈動を促進させることがヒーラーの仕事なのだと、そのとき気づいたのである。西洋では、健康へのアプローチは全体的に見れば、モデルを介してのものだ。呼吸、血液、体脂肪率の正常値、正常な精神状態などを定義して、そのスナップ写真をもとに、外側から体のシステムの多様な要素をそのモデルに照らして調整する方法だ。まずスナップ写真を撮り、その瞬間的なものに大いなる現実を合わせていくのだ。このような努力も立派だが、結果は常に欠陥をはらんでいるだろうと思う。個別的な標識を使って健康体のモデルをつくろうとすると、統合された全体としての身体のシステムにアプローチすることはできない。そのようなモデルに肉体を合わせようとすると、ヒーリングの自然のプロセスの妨害になるのである。薔薇の蕾を無理やりにこじ開けて咲かせようとするようなものだ。ハンズ・オン・ヒーラーたちもこのような間違いを犯すことがあり、患者のエネルギーフィールドを本のオーラの絵に合わせようとすることがある。それによって、限界を設け、条件づけをすることになるのである。

あくる日も私はマスターの講話の内容を考えながら、アシュラムでの一日の日課をこなしていた。日中はあまりに暑いので、仕事をしていないときは腰巻きだけを身に着けて座っていた。

マスターに二晩続けて会うのは珍しいことだった。夕方になり、涼しくなって月が昇ると、私たちは集まるようにと言われた。いつもの沈黙が過ぎると師は話しはじめた。彼は神々とアスーラ（阿修羅）たちの話を始めた。神々もアスーラたちも両方、天国に住んでいた。しかしアスーラたちは悪い連中で、いつもお互いに争い合っていた。ある時、アスーラが神々をやっつけそうになり、神々は天国の王様のところに助けを求めに行った。天国の王様がやって来て、アスーラたちを負かしたが、彼はアスーラたちを抹殺してしまわなかった点が興味深い。「地球は回るために二極が必要なのだ」とマスターは説明した。存在の本質に二元性が内在しているのである。

次の物語では存在の海の片方には神々がいて、もう片方にはアスーラたちがいた。両グループは巨大な綱の端を握ると、存在の海を挟んで綱引きを始めた。あっちに引いたり、こっちに引いたりしているうちに、海は激しくかき回された。片方の岸からもう一方の岸まで波打ち、海の深いところまで届いた。行ったり来たり、両方で引き合って、神々たちが海に引き込まれそうになったり、アスーラたちが引き込まれそうになったりした。その間、波はどんどん高く、深くなり、海全体が岸から岸へと、そして海底までかき回した。海底、海面、そして海中にあるものはすべて混ざり合い、ミルクからバターを作る時のようにかき回された。存在の海がこのようにかき回されると、それは純粋意識、悟り、永遠の生命のネクターをつくるのだった。

大切なのは、神々とかアスーラたちと共鳴することによって知識が得られるのではないという点だ。ネクターはぶつかり合う勢力の隔たり、ギャップから生じたのである。

マスターは私がヒーリングの謎解きをするのに必要な最後の手がかりを与えてくれたのである。

第７章　知恵を持つこと

祖母

私の祖母はギリシャ生まれだった。彼女は十六歳の時にアメリカに渡って英語を学んだのだが、ギリシャ訛りは生涯抜けることがなかった。純粋な善良さを感じさせる女性で、個人としての生き方、家族との関係において彼女は知恵というものを体現しているような人だった。

彼女の知恵は彼女のまわりに漂う心地のよいオーラに現われていた。春先になり、植物の芽が土から顔を出す頃、家族そろってオハイオ州コロンバス市にある祖母の家の広い裏庭でバーベキューパーティーを催した。子供たちは走り回り、テーブルには食事が並べられ、石でできたバーベキューの旧式の炉は音を立てて煙を上げていた。

祖母は家から出てくると、にこにこと落ち着いた物腰で、集まった人たちの中を挨拶しながら通って行った。私は彼女が庭の方に歩いて行くのを見つめていた。祖母はゆっくりと腰を曲げるとバジルの茎を摘んで指先でそれを押し潰すと、目を閉じてその香りを吸い込み、微笑んだ。彼女は庭の反対側にいる家族の方を振り返り、家族に焦点を当てるように眺めると、満ち足りた様子だった。誰もが彼女の静かな落ち着きぶりに、何かしら影響を受けていた。騒々しさは続いたが、彼女の存在と優しさが、その場の基調をなしているかのようだった。私は、同じような瞬間をいくつも思い出すことができる。彼女は静かな湖の中心のような存在だった。平和の輪が同心円をなして広がってゆき、まわりにいる人すべての気持ちを和らげるのだった。

祖母と私が話す時、私の世界がどんなものであるか考えてくれ、それを配慮しながらたくさんの愛情と同情を込めて応答してくれるのだった。私のすることに正しいとか、間違っているとかのレッテルを貼ることなく、彼女の見方に習えば答えが出るという感じもなかった。祖母は自分の考えをはっきり持っていて、それをとても大事にしながら、他人にそれを当てはめるようなことは決してなかった。彼女の姿勢は、いつも私たちを助けるために一緒にいて、私が言いたいことを聞いてくれるというものだった。

祖母との関係を通して、知恵とは人の下に立って物事を見ること（under-standing）で、それはサポートであり、他人の視点に立って真実を見ることだと理解できるようになった。私たちは一般に知恵とは人の上に立ち、人が信じることを実現するための方法を与えたりすることだと思っている。私の祖母は他人の考えを改めさせる必要を一切感じていないようだった。彼女はその人の下に立ち、それを支えて、あるがままに許すのだった。

私という存在を認めつつ、私というアイデンティティーの枠の外に彼女はいてくれた。私に何も押しつけることはなく、違うアイデンティティーを私に被せることのないところにいたので、物売りの針金細工のおもちゃのようだった。三角形の模様であろうか、四角形の模様であろうか。いま考えると祖母は両方が同時に存在し、そのほかにもたくさんの模様が存在することを知っていたのだろうと思う。そうやって私を育ててくれたのだ。祖母の反応は私のアイデンティティーを和らげ、私を解放してくれるのだった。

祖母の、人や人生と関わる態度には本物の交流があった。祖母のように知恵のある人は他人を自分の心で感じ取り、そこから出発する。その頃の私は知恵については何も知らなかったが、祖母の近くにいると気分がいいということだけは分かっていた。彼女は家族全員とそのように接して、家族全体のエネルギーを癒してくれるのだった。

手紙を書くという課題

私がインドのアシュラムにいた頃、マスターは、私たちを呼び集めて手紙を書くのを手伝ってほしいと言った。彼の教えについての情報を求めてきたアメリカのあるグループ宛に返事を送りたいとのことだった。きっと師は本当に手伝ってほしかったわけではなく、私たちに教える機会を与えたのだろう。師はこの共同作業に学びがあることを知っていたのだ。

師が先方の要望を私たちに説明すると、われわれの議論が始まった。誰かが手紙の最初はこういう風に書いたらどうだろうと言うと、別の人がそれと違った書き方を提案した。いろいろと矛盾し合う案も多かったが、師はどの考えも受け入れて、愛とユーモアを介しながらグループの創造性が無理なく発揮できるようにしてくれた。そのプロセスの中で、師は手紙を書くという使命を遂行する以外はどのような結果にも執着しなかった。

ある時点で私たちは、生理的に良い効果をもたらす瞑想の影響についての文章を完成した。グループのある人は、瞑想には、実証された素晴らしい効果があり、理性ある人間なら否定できない価値があるということを伝えるべきだと言った。グループの何人かは、言葉が強すぎるからもう少し和らげる必要があると反応した。他の人たちが彼らの懸念も述べると師は暖かく微笑み、うなずくと、議論のどちらにもつかなかった。彼は公には中立だった。どの意見を除くかを決めるのはグループであり、彼はどの提案の可能性も理解して、その価値が分かっているように見えた。

師はパラドックス（矛盾）を受け入れる素晴らしい才能があった。すべての提案の中に真理を見るのだった。同時に、彼の方針はすべてを一つの完全なものに戻す重力のようでもあった。彼は流れを一つの方向に動かしてゆき、その動きは水が下流に向かうかのようであった。障害物の周囲を流れてゆき、どのような迷路や渦巻きが立ちはだかっても、流れは進む道を見つけるのだった。その流れは深く、安定していて辛抱強いものだった。

手紙を書く過程は薔薇の蕾が開くようなものだった。師は自然にそれが開くのを待ち、結論を急ぐようなことはしなかった。彼は、いずれ蕾が開くことを、手紙が完成することを知っていたのである。師の物事への対処の仕方は、専念することと固執することの違いを分からせてくれた。彼は、特定のアイデンティティーや目的に固執することはなかったが、事象の流れへの専念を持続していた。この手紙をどのように書くのかを教える賢者という風ではなかった。どのように書いていいのかも、彼は知らなかった。知るという場所にいながら、知らないという状態がそこにあった。

師は私たちの多様な意見のどれとも共鳴することなく歓迎してくれた。そのようにして、この過程に、より広い幅を持たせたのだった。彼は反目し合う勢力の間に静かに座り、グループがかき回してつくる知恵の蜜を蒸留していたのだ。特定の方向へと向かう彼の真摯な姿勢と、その方法への執着をそっと手放す彼の持って行き方には繊細な素晴らしいバランス感覚があった。彼は本当の尊厳と謙虚さの見本を私たちに示してくれた。尊厳とは「他との関係」において、最高に洗練された状態であり、謙虚さは本物の尊厳に染み通っているものである。

いちごの味

私は最初の講義で、生徒たちに自分の知っているすべてを語る。生徒たちが学ぶすべての種は最初からそこにあり、続いて三年間、同じ内容を講義の中に何回も織り込んでいくのである。ある時は少し違った形で繰り返すことがあるが、すると予想通り、生徒が「なぜ、もっと早くそれを言ってくれなかったんですか。それはパズルの大きな部分を占めているのだし、知る必要があったのです。もし、もっと前に言ってくれたら、最後の二年がより有効だったのに」と言いにくる。すべてのより深い知識は自分の中に内在しているものなのだ。それに目覚めると、以前にそれを聞いたことがあるなどと信じられないのだ。

いちごの味を知りたければ食べてみるしかない。いちごについて書かれたありとあらゆる本を読むこともできるし、育て方、摘み方と保存法の詳細について勉強し、味の化学的な内容を分析し、さらに、その植物史をたどることもできる。いちごを食べたことのある何百人もの人と面接して、味の描写を全部集めることもできる。こうして、私たちはいちごの味について博学の知識を得るのである。そして、いちごを初めて食べてみるとする。「私はいちごの味に関しては専門家だが、これはいちごではないね」と、いともたやすく言うことができる。いちごの味について頭で理解することができても、経験には変えられないのである。要するに、食べてみないと味は分からないということなのだ。

話を元に戻すと、最初の講義での生徒の理解は正しかったが、彼女はまだ味わっていなかったのだ。ピンと来たのは、教えを最後に味わうことができたからだ。いちごが差し出されて二年前に食べなかったというのは問題ではない。今、こうして彼女は深い理解のレベルに達したのだ。存在の性格をよくとらえることができるようになり、同じ言葉を何か別の新しい意味としてとらえることができるようになったのだ。

こういった一つひとつの「分かった」が、理解の別の次元、他のいろいろな現実に私たちを導いていってくれるのである。しかし、このような知恵の考えは、実は知恵ではない。このプロセスが続いていくと、本当は「分かった」というところに達していないということが分かる。真理というのは達すべきところでもなく、何か完成されたものでもなく、連続性なのだ。私たちは、ある考えにしがみついてしまう傾向にある。それは、その時々の人生を支え、維持していくのに必要だからだ。次のステップではそれを手放して、次の現実に移っていくことを知っていてもだ。しがみつくのは自然なことだが、時には、軽くつかまえて、さっと手放すことの方が、もっと自然に感じられるだろう。

たとえば、気づきがだんだん成熟してくると、真理と私たちが呼んでいるものは、たいていは一つの現実に当てはまる相対的なものであることが分かってくる。本当の真理は、私たちの抱いている真理のたくさんの概念の間にある溝に横たわっているのである。

領域間投影

私は夕食のためにアシュラムでグループの中に座っていた。給仕とのやりとりについて、ある男が怒っていた。彼は、ごはんを少なめに、野菜を多めにしてくれなかったことを憤慨していた。もう一人の男がそばに座ってじっと聞いていた。その男はインドでスピリチュアルな道を歩んでいることに有頂天になっていた。彼は怒っている男に、「兄弟よ、落ち着け。すべては神の御業なんだよ」と言った。

私はこれを領域間投影と呼んでいて、よくある落とし穴なのだ。世には物理界があり、それぞれの現実を持っている。精神界の現実の中から物理界を見た時、すべては神のなせる業ということはできる。しかし、物理界では、さまざまな関係に問題が生じた時に、そのレベルの中で解決していかねばならないのだ。その違いを知ることは大切である。

アインシュタインは、日没という事象を純粋物理の観点から説明しようとすると日没の意味が失われてしまうと指摘して、領域間投影の発想を避けようとした。私たちの多くは、彼ほど注意深くないかもしれない。一つの次元のルールを他の次元の状況や事象に当てはめてしまっては、馬鹿げた結果しか生じないのである。

普遍原理・５

自然の法則はトランス・グレイディエントな動きに伴って変化する。一つのレベルでの自然の法則は別のレベルには必ずしも適応できない。

領域間投影と思われるいくつかの例を次に示そう。それぞれに説明を付しておく。

「天使を信じるなんてどういうことだ。それが存在するという科学的な証拠はどこにもないんだぞ」

物理的な次元ではこれは正しい。同時に、もっと大きな存在の観点から見れば、天使というのが実在するためには、必ずしも物理的・科学的に認知されている構成物でなくてもいい。科学はすべての事柄を計ることはできないのだ。人が何かを経験するためには科学的な裏付けがある必要もないのだ。

反対の例として、「どうして天使がいると信じられないのだろうか」というのはどうだろうか。むしろ他の現実の理解に努めた方が、領域間投影して判断するよりも実りがある。

少し違った例では、「私に自分の母親を求めている男と結婚したなんて信じられない」というのがある。私たちは皆、多次元的なのだ。夫の持つ現実の一つだけを認知し、そこから彼のすべての存在を領域間投影してしまうと、私たちの人間についての理解は限定されたものとなってしまう。

あるレベルでは、どんな既婚女性でも夫の母親の役割をするであろうし、逆に夫は妻の父親の役割をするものであろう。

第Ⅲ部

早期の結論

人生を生きるには二つの道しかない。一つはこの世に奇跡など何もないとして生きること。もう一つは、すべてが奇跡であるとして生きることである。

——アルバート・アインシュタイン

第8章　現実とは何か?

すべてがトランス・グレイディエントに（勾配をもって）存在しているということは、すべてがどのレベルにおいても存在し、どの領域にも同時に存在しているということを意味する。一つのグレイディエント（勾配）から別のグレイディエントに観点を移すと、ある事柄について矛盾した結論を出す可能性がある。谷から山頂に登った時に気温が変化したのと同じである。

もっと複雑な例として、神について考えてみよう。どの地点においても神には異なった意味がある。その多種多様な意味は、すべて互いにトランス・グレイディエントにつながっている。純粋な物質レベルでは、神の存在は物理的に証明できない一つの概念にすぎな

存在の構造

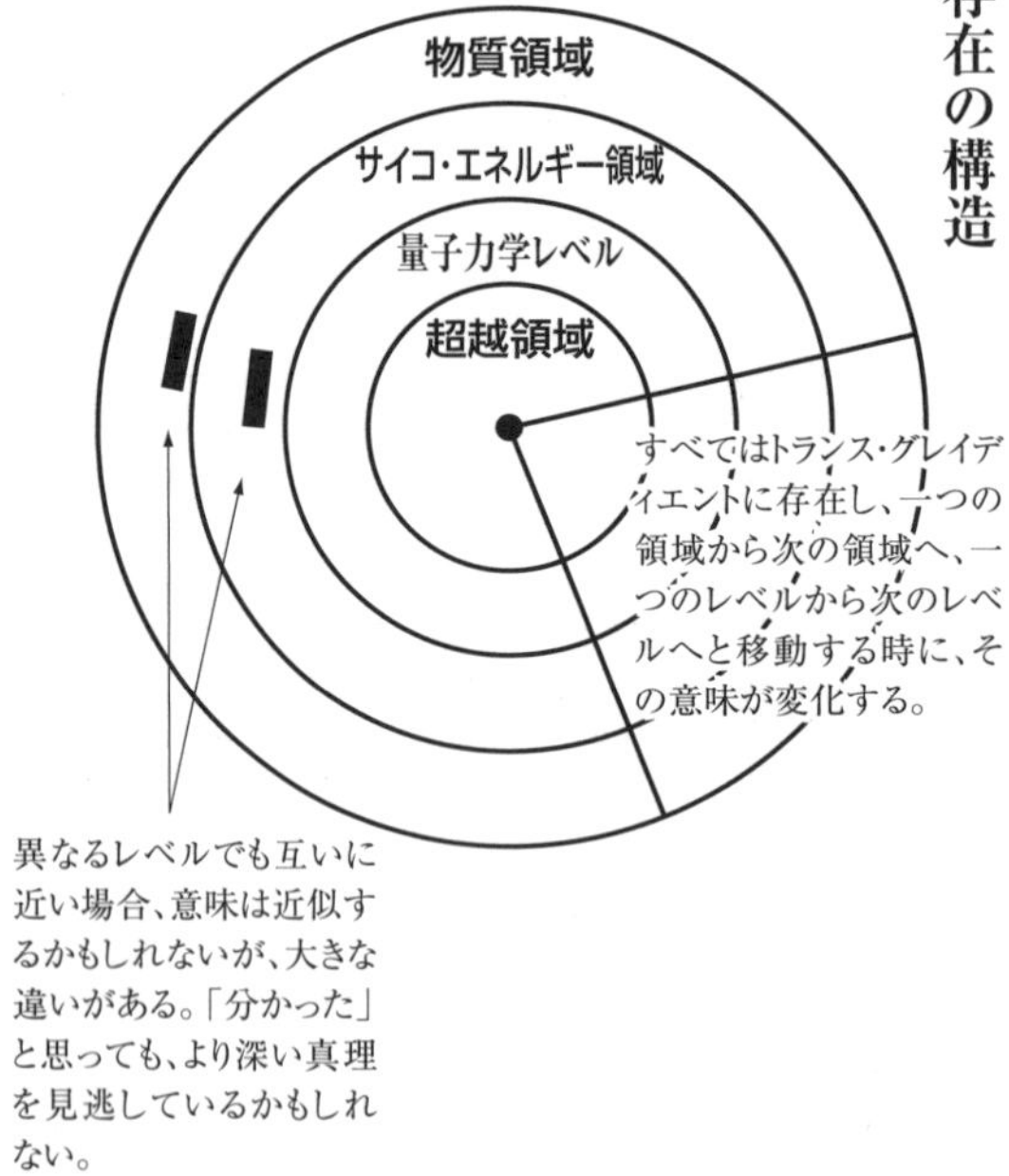
物質領域
サイコ・エネルギー領域
量子力学レベル
超越領域
すべてではトランス・グレイディエントに存在し、一つの領域から次の領域へ、一つのレベルから次のレベルへと移動する時に、その意味が変化する。
異なるレベルでも互いに近い場合、意味は近似するかもしれないが、大きな違いがある。「分かった」と思っても、より深い真理を見逃しているかもしれない。

い。円の中心のような超越的領域では、すべては神である。なぜなら超越レベルのすべては統合しており、ワンネス（一つであるところのもの）だからだ。サイコ・エネルギー領域では、神のさまざまな意味が経験できる。一つの観点では、神は鬚《ひげ》を生やした長老の姿で、白い布をかぶり、皮のサンダルをはき、杖をついているかもしれない。他の観点では、神はブッダであり、女性であり、また地母神だったりする。「神とは何であろう？」という問いには単純な答えはない。言えることは、神は存在しないということと同時に、神はすべてであるということ、そしてその中間にあるすべての神の可能性なのである。

輪廻の輪

私たちが生まれたばかりの頃は、両親が世界のすべてだった。彼らにすべてを頼り、何よりも彼らに愛を求めた。もし、どちらかの親が悪い子だと言ったら、心から自分は悪いと信じ、苦しい思いをしただろう。悪いと言われず、両親から愛されるためには、何でもやる気になっていた。この基本的な愛への渇望を満足させるために何でもできたのだ。幼い頃は、どんなにそれが独断的なものであっても親のルールに従い、その愛を得ようとした。この幼児期の強力な親子関係を通して、私たちはこの世の中で、どう行動すべきか判断するルールを自分の中につくってきたのである。

両親の比較的狭い世界で数年を過ごした後は、学校に行くことになる。私たちは自分を新しい基準に合わせるようになると、他の子供たちはいろいろな意味で、自分より優れているように見えてジレンマが生じる。今まで、父親や母親の基準に合わせようと一生懸命やってきたのに、別の存在の仕方があることを知るのである。

ここで私たちはぎこちない変化を経験する。父親や母親から得たものを捨てて、新しい社会によって提供される新しいモデルに取り組みはじめるのである。素敵なドレスを着ている女の子や、野球のボールをフェンスの上に飛ばせる男の子になり、自分も同じようにみんなから注目をされ、尊敬を得たいと思うのだ。もっと幸せになりたいと自分の行動を変えるのである。

もちろん、そこで終るわけではない。このプロセスは続いていく。その次は、ある特定の型に自分をはめて同伴者探しに入る。次には学校の先生、大学の教授、またはコーチを尊敬するようになるかもしれない。

そして新しい家、新しい車、自分に合った仕事、定年時の十分な蓄えなど、私たちは皆、同じように自己を磨くことに高い代価を払っているのである。この過程は、人によってずいぶんと異なる。ある人にとっては自己修練とはB・B・キングのようにギターが弾けるようになることであり、他の人にとってはお金やいい車、そして立派な家を持つことである。さもなければ、貨物列車に乗り、仕事や家族というプレッシャーを受けずに自由に生きる、という人もいる。自己を磨くというのは、あなたにとってどのような意味があるだろうか。

時々、私たちは新しいことを始め、自分のアイデンティティーを修正する。メディアは、古い考え方を改め直す何らかの流行を毎月のように提供している。毎月毎月、私たちは信念体系を追加してゆく。大学生の間では実存主義が流行し、息子が大学から帰ると「母さん、神が存在するなんてまったく実証できないんだよ」と言う。子供は自己を磨いて帰り、その結果、親との対立が起きる。

新興宗教の自己修養は、今とても流行している。次に挙げる言葉に聞き覚えがないか考えてみよう。

《新しく出た本を読んで、素晴らしいインスピレーションを与えてくれる先生と出会うことができ、自分の中に真理というものを発見して自分の痛みを感じることができた。そして、宗教はすべて一つであるとい

うことが理解できるようになった。今はアセンディッド・マスターのチャネリングをしている。自分にすごく満足しているよ》

〝アメリカ株式会社〟での自己修練の方が私たちの多くには馴染みが深いかもしれない。《私は年間十二万五千ドル稼いでいる。私には美しい妻がいて、彼女はＢＭＷを運転しているし、私はメルセデスを持っている。私たちの家は、この地域ではいちばん立派で、子供たちはハーバード大学とヴァサー大学に通っているよ》

私たちが自分のものにできるアイデンティティーの積み重ねと、その組み合わせを数えたらどのくらいあるだろうか。理由はともあれ、そのアイデンティティーがうまくいかなくなった時、私たちにとって、ものすごいチャレンジとなる。それは離婚によって起こるかもしれない。腰を落ち着かせて自分の人生を見つめ直すことになるだろう。それまで面白いと思っていた行動が急に意味なく見えてきたりするかもしれない。新しい、もっと良い生き方が急に眼の前に現われ、顔をひっぱたくかもしれない。どのように考えても、一つのアイデンティティーから次へシフトする中で、私たちは混乱したプロセスを経験するのである。

時間とともに新しく発見したアイデンティティーも経験して、グルグルと円を描いて回るかもしれない。私はこのプロセスを仏教の伝統から「輪廻《りんね》（カルマ）の輪」と呼ぶ。

存在のやっかいな性質

「輪廻の輪」を回り、一つのアイデンティティーから次へとシフトする中で、私たちの気づきが存在の三つの領域の中で点から点へと移っていく過程で、私たちはどこかに引っかかってしまうことがある。私たちは皆、安定した地を求め、首尾一貫した思想体系で心を満たしてくれるような見方を求めているのだ。

そこで起きるジレンマは、三つの領域のどれもが自分自身の一貫性を持っていて、どの点から宇宙を見ても、「分かった。ここから見るとすべてに合点がいく」と思えることである。

大学にいた頃を覚えているだろうか。でなければ、大学に子供たちが通い、家に戻ってきた時の会話はどうだろうか。この時期は人生の中でもいろいろと新しい考えに出合い、それを守ろうとする時期である。信念体系が自分の要塞であり、防衛であり、アイデンティティーなのである。それぞれの視点から見ると、どの現実も同じように一貫性があり妥当であることに気づかないでいる。自分は自分の視野の枠組みをすでに選んでしまっている。自分が誰であるのかがポイントであり、それを無くしては何も存在しないようである。このように、存在にはやっかいな面がある。

実はどの視点をとってみても、全体像をつかむことは不可能なのだ。なぜなら、どれも無限にある現実の一つだからである。これらの無数の現実を通して、私たちは宇宙と向き合っているのである。

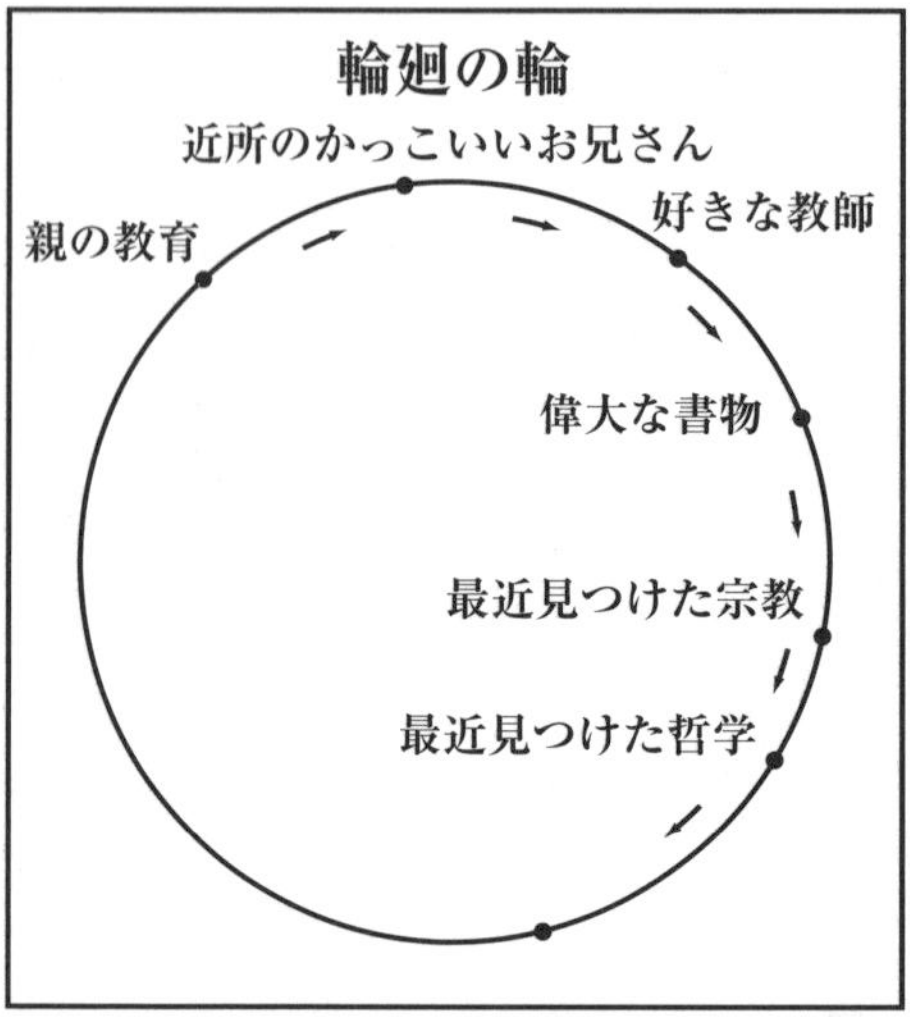

私たちは一つの現実にできるだけ長くしがみつく傾向がある。しかし、遅かれ早かれ私たちはそれを出し抜き別の現実に移る。そして、また別の現実へと移る。これが「輪廻（カルマ）の輪」だ。スピリチュアルな解放というのは、どの現実にも自分を帰属させない自由を意味する。

＊

同心円の集合を想像して、それを「光」と呼ぼう。円のいちばん外側の人工的なレベルでは、その光は電球の中に光るタングステンとか太陽の光だとしよう。円の中心の量子力学的なレベルでは、光は存在の根源、神の光である。中心から端までの時空、つまり連続体にある他の点では、光は他の性質をとるのである。

サイコ・エネルギー領域のはるか遠くのある一点では、ワンネス（一つであるところ）の光は感情として感じられる。多くのセラピスト（宗教家も忘れてはいけないが）は、このレベルでの「光」を感情面で有効利用しているといえるだろう。あるニューエイジの集まりでは、参加者は一人ずつロウソクを天に向けて、「私の名前は○○です。私は光と一体です」と言うように指示される。多くの人は泣いていて、その時、部屋の中で感じられたみんなの願いは、肌を通して伝わるほど強かった。自分の内側に感じられる光と融合し、神と一つになることができたら、すべてはうまくいくという思いがそこにあった。私は何年もの間、心の空虚さを満たすために、その光に届こうと頑張っている人たちを見てきた。

マスターが「光」とか「ワンネス」について話す時、彼が何の話をしているか本当に分かっているのだろうか。それとも、その言葉の感情レベルでのこだまを聞いているのだろうか。感情レベルの経験というのは、より深い現実のこだまでしかない。それを求めている間、私たちは何も得ることができない。私たちが求めているものは、もっと深いところにある。表面的な価値観によって自分のアイデンティティーを強化している間は、的を外し、横にそれやすい。これは宗教の世界でも、ニューエイジでも、他のどのような分野においても共通した危険性である。私たちの努力は蜃気楼に焦点を合わせてしまっているのだ。私たちの求めたのは根源的なものだが、発見したのはこだまであり、中身のないイメージである。そのこだまの根源を見つけるには、違う方向を探さなくてはならないのである。

感情は時にはとても強いものとなり、私たちはそれによって流される。感情的な解放感に浸り、再び、それを求めるようになるのだ。この効果によって、種々の運動が盛り上がるほどだ。私たちは手の届かない、はるか向こうの月の光に手を伸ばして何世代にもなる。超越は感情より遠いところにあるのだ。

私がインドにいた時、マスターは、私たちがその感情の罠にはまらずに、量子力学領域の最も繊細な感覚のレベルに辿り着けるようにと、とても慎重だった。いちばん良質な感覚のレベルはいちばん深い感情とはだいぶ異なったものかもしれない。自分が注意を向けるところは強くなる。もし、私たちがいま自分のいるところを強化しつづけるとすると、私たちは同じところにいることになる。肝心なのは、いま持っている自己の概念を乗り越えることである。神への感情的なアプローチは私たちを行き止まりに導く可能性もあるのだ。

撹拌の過程

時に私たちは、自分の人生が洗濯機の中で、ガシャガシャとかき回された後のような感じがする時がある。早かれ遅かれ、人間は必死でしがみついていた現実というものや人生から突き放され、道に迷い、困惑し、絶望のどん底へ落下していく時が来る。それは死別、離別、解雇、中年の危機などと呼ばれたりする。そして私たちは底無しの深み、空虚さ、未知へと迷い込むのである。

これが起きると、母なる自然は教えを説いてくれる。これはとても恐ろしい経験だが、同時に、一つの現実におけるアイデンティティーを手放すことも学ぶのだ。それはバイオリンを弾くのと同じく、単なる知的なプロセスではない。

私たちは新しく発見した現実を一つずつ手放すことを強いられ、もう、しっかりとつかんでいる必要がなくなるのである。一つの現実から次へと、その瞬間に合わせて自由に動けるようになるのだ。

「分かったぞ」症候群

存在のやっかいな性質は、とくに魅惑的な罠を仕掛けてくる。私はこれを「分かったぞ」症候群と呼んでいる。存在の三領域のどの点からでも外側を見ると、全方向を見渡すことができる。すべてはどの角度からも説明がつき、個人的な視点でそれが説明できるので、私たちは悟りをひらいたと思ってしまうかもしれない。

いま流行《はや》っているのは、スピリチュアルな本を何冊か読み、自分は分かったと決めつけてしまうことだ。そのような気持ちになりはじめたら、注意して辺りを見回してみた方がいいと思う。人生はそんなに単純ではない。人間の進化は、数冊の本を読んだり、週末のワークショップを受けて理解できるようなものではない。このように理解を得た人間は、視点の重要な違いを言葉の意味的な違いだけだと片付けてしまう傾向がある。

一つの現実とアイデンティティーにとらわれてしまうと、その境界を越えて見るのが難しくなる。私たちは自分が経験するすべてに対する箱を持っている（知られざるもの、悟り、真理、現実、スピリチュアリティーなどの抽象的な内容のものも含めて）。それらは箱に入れられてきれいに整理されラベルが貼られていると、もう探究しなくてもいいということになる。ここに危険がはらんでいるのだ。

知的に概念を理解した状態（分かったぞ）というのは、それに対して身をもって生きるのとはだいぶ懸け離れている。人生の知恵を哲学として持って生きていくのと、それを進歩的な生理学として生きていくのとは異なったことなのだ。誰でも本を読み、はやり言葉や知的に理解する概念のリストに、それを付加することはできる。「理解する」というのは、プロセスの始まりであって終わりではないのである。

ギャップ

古代の知恵は、真実とは点と点の隙間にあり、点そのものにはないと説いている。点とは存在の三領域の異なった地点や現実を指す。どの点も独自の現実を備えており、それなりの視野や機能するモードがある。成就とは、現実の間にあるギャップに生きることを意味する、そしてそれは無限であることを意味する。

真理がドグマ（教義）になってしまうのはいつからだろうか。文化的なまとまりが偏見となるのはいつからだろうか。楽しみがわがままに変わるのはいつからか。躾けがいじめになるのはいつからか。これらへの答えは厳密な定義の中には見つからない。人類の歴史が私たちに教えてくれたことがあるとすれば、それはすべての定義は解釈であるということではないだろうか。すべての問いへの答えは、自分の奥底に、現実の間にある定義不可能なギャップにあるのだ。

第7章で、手紙を書くことについてマスターは生徒たちすべての視点を一つにまとめていた。生徒の何人かは、手紙はこう書かれるべきだと強く感じていたし、多くの意見が矛盾していた。彼が容易にしてくれたプロセスは、生徒一人ひとりを個人のアイデンティティーを超えたところに導くものであった。それは、課題にとって最良の結果が出てくるよ

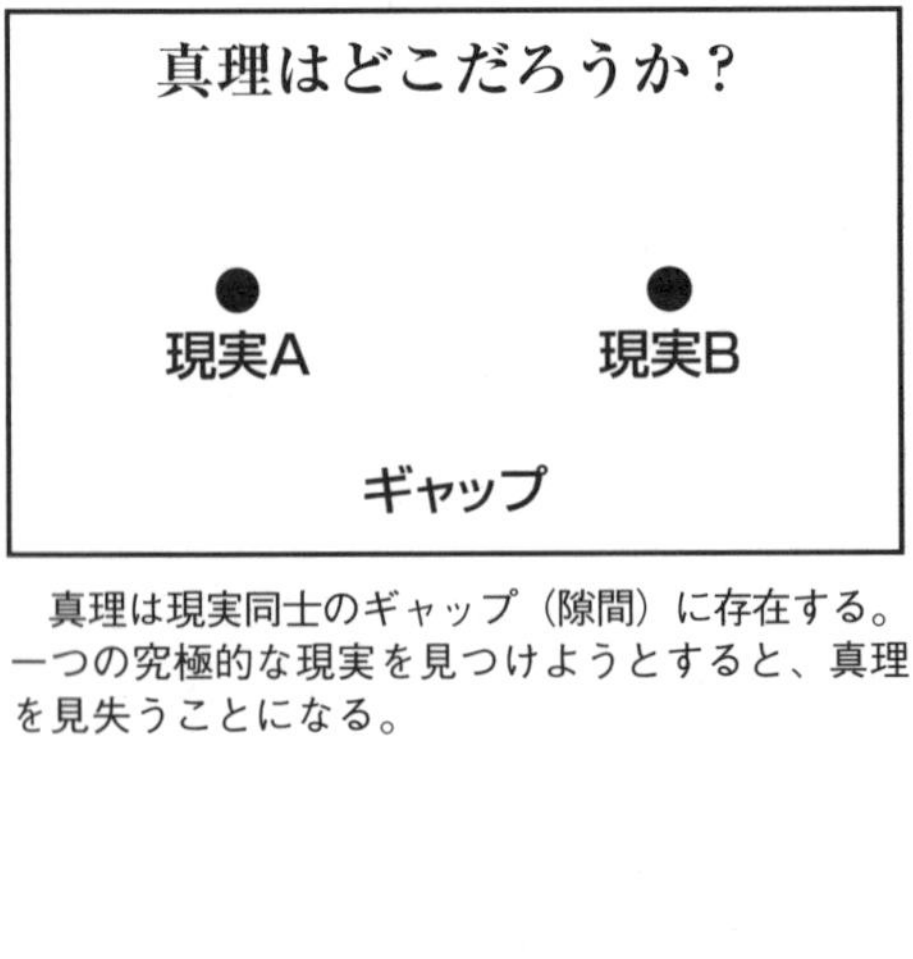

真理は現実同士のギャップ（隙間）に存在する。一つの究極的な現実を見つけようとすると、真理を見失うことになる。

うに全員を自分の存在の隙間に立たせてくれるものであった。目的は、私たちを解放し、さまざまな現実の中を探らせて適切なものを探し当てて使わせるためである。悟りがスピリチュアルな解放と呼ばれる理由はそこにあるのだ。

普遍原理・6　**知識は現実同士のギャップ（隙間）にある。**

箱は二つ、それとも三つ？

図Aを見てみよう。ある見方をすると図Bで示されるように二つに見えるが、別の見方をすると図Cのように三つに見える。存在の構造はこの原理を広範に複雑に適用しているのである。

複雑なパターン（現実）は自然の中にたくさん見出すことが可能だ。それらをいくつかにまとめると、同時に存在して、互いに矛盾し合うのだ。

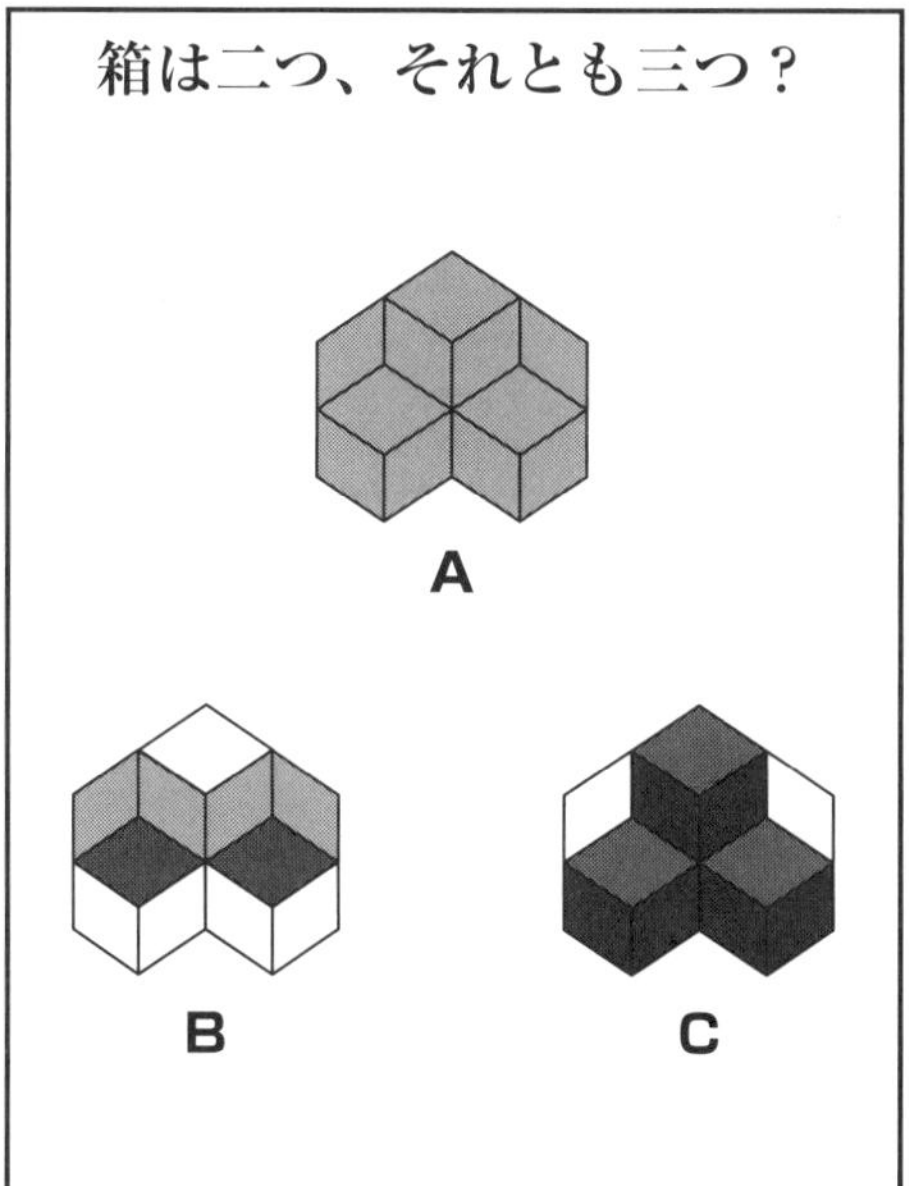

Aをある見方で見るとBのように箱が二つ見える。別の見方をするとCのように箱が三つ見える。ただ見方を変えただけでどれも同じ図だ。人生や存在を見る時も同じ原理が働く。いろいろな見方があり互いに矛盾したりする。私たちの現実は私たちが現実とどう関わるかによって変ってくる。

自然は、これらの多様で複雑なパターンをすべて受け入れるように機能している。人間は母なる自然と違う基準で機能し、私たちはいくつかの決まった数のパターンを見つけるか、一つだけを見つけて人生をすべてその観点から眺めている。限られた数の視野で身を固めてしまうと、他の機能の仕方が見えなくなるのである。

第９章　バンドエイド療法

私たちの多くは、自分の生き方のどこが間違っているのか、大体は分かっているつもりでいる。それは鬱病であったり、怒りや自暴自棄の性格であったり、あるいは否定的な人間関係の繰り返しだったりもする。だいたいの人は、すでにその解決に取り組んでいて、それはカウンセリング、ワークショップ、サポート・グループ、セミナー、運動プログラム、ダイエットなどであったり、それに代わる雑誌や本だったりする。これらは自分が受け入れた新たな枠組みとなり、今まで積み重ねてきたさまざまな枠の上に乗せられる。いずれは、この重みが自分の素晴らしさを押しつぶしてゆくのである。

私はこれをバンドエイド療法と呼んでいる。バンドエイドによって数週間、または数カ月か数年間、すべてがうまくいくかもしれないし、そのレベルにおいてはバンドエイド療法でもいいかもしれない。そこに参加することによって、外見や気分もよくなり、新しいものの見方が身に着くかもしれない。しかし、身体全体に加えられた束縛の重みに気づくことも大事である。そのためにつくられたストレスと緊張は自分の身体の細胞や心裏にたまってゆき、そしていつか何らかの形で表面化する。私たちは、また出発点に戻り同じシナリオを繰り返し、また同じ病気を再発し、見かけは新しいが、よく見ると同根の問題に悩んでいることに気づくのである。

ジョンは難しい少年時代を過ごした。彼の父親はちょっとしたことで暴力を振るい、厳しく彼を育てたのだった。ジョンは父親に対してたくさんの怒りを持ったまま大きくなった。ジョンは成長すると、自分は絶対に父親のようなことを他人にしないと固く決心した。彼はとても優しい、愛情深い人格の仮面をかぶるようになった。ジョンは熱心なクリスチャンで、行く先々で優しさと愛を説いて回った。そのうち誰もが彼のそばに行くのを嫌がるようになった。彼は絶えず人に説教を施すことで、彼らを罰していたのだった。ジョンのように自分の気持ちを新しいモデルで包み込んでみても、いつかはそれが表面に出てくるものなのである。

本当のあなたは誰なの？

マーガレットは三十年の年月を、自己鍛錬に費やしてきた。マーガレットは生きるコツを心得ていた。自分の高い自己とも低い自己とも通じていたし、自分の真実の姿がどんなものであるか知っていた。自分が否定的な状態にある時もそれに気づくことができ、自分が問題を転化している時もそれに気づき、その二つの状態の違いもよく分かっていた。彼女が知らないスピリチュアリティーやヒーリングの話はないほどで、彼女自身は有能なハンズ・オン・ヒーラーとして、そしてスピリチュアルな指導者として知られていた。ワークショップで教えたり、講演のない時などは自己鍛練のワークをして、心理療法のセラピストとしても活躍していた。

マーガレットはまた、熱心な園芸家でもあった。彼女は市内で比較的狭い土地に立つ小さな家に住んでいたが、それを草木と花のオアシスに変身させたのだ。冬以外、彼女の家は手入れの行き届いた薔薇やアヤメ、グラジオラスやさまざまな草木に囲まれていた。

彼女が私のところに来たのには二つの理由があった。彼女は多くの時間を悲しい気分で過ごしていたのだ。そして甘いものを食べ過ぎる傾向にあると思っていた。彼女は少し体重が多すぎて、砂糖は身体によくないのではないかと心配していた。

マーガレットと話していて、彼女が人生の方程式を解いてしまったつもりでいるのだと気づくまで、そう長くはかからなかった。疑問に対する答えは初めから分かっていたのだ。なぜ私のところに来たのか聞いてみると、先ほどの二つの理由をあげて、その悲しみと甘いものの好みが意味するところを分析しはじめた。彼女のその説明は、彼女が読んだ最新の自己開発の本から引いたものだった。

マーガレットがマスターしたプログラムが、彼女を支配していた。彼女は完全に、それと心を一つにしていた。彼女の話し方、他人との関係や自分自身との関係、そして出てくる決まり文句はいつもその内容と一致していたし、それを超えて見ることができなくなっていたのだった。彼女はその閉じられた円の中をぐるぐると回り続け、自分の不幸せへの処方箋を探すのだった。何か自分のワークの過程でやり残したことがあったのではないかと思っていた。そして自分の取り込んだ教えの中のどこかに答えがあるはずだと感じていた。

彼女が自分の癒しだと信じていたもの自体が問題だった。マーガレットは、自分自身を定義づけるそのプログラムを知り尽くしていたのだが、それ以外の自分が分からないでいたのだった。マーガレットが惨めなのは当たり前である。本来なら限界などないはずの自分の本質を小さな点にまでに押しつぶしてしまったのだ。他の人たちに自己発見を教えながら、自分自身は一つのモデルを強化して、自分と自分の幸せをその中に埋めてしまったのだ。このようなことをマーガレットに言っても無駄だった。たとえ説明しても、それは彼女の強化したモデルに飲み込まれてしまったであろう。何回かのセッションを通して自分に内在する風景を模索しながら、それをマーガレット自身で発見する必要があったのだ。最終的に彼女は自分の閉じ込められた心理学的なパターンを超え、限定された自分の人生を超えて物事を見ることができるようになったのだが。

何カ月か後、マーガレットは長年続けてきた自己開発のプログラムをやめ、カウンセリングの事務所を閉じた。以前から、ニューメキシコに住んでみたいと思っていた彼女は、自己開発産業とは関係のない人びとの生活と仕事を見つけることができた。いつも自分を計ることに使っていた自己開発の物差しを捨てて、彼女はこの三十年来、初めて落ち着いて自分が誰であるのか、どうしたら自分らしく生きられるのかを発見することのできる環境をつくることができたのである。

二年後、マーガレットからカードが届いた。それにはただ、「ありがとう。人生は素敵、私は幸せです」と書いてあった。彼女はもう甘いものをそんなに欲しがらなくなっただろう。彼女は新しい人生に、十分甘味を見つけることができたのだから。四枚ガラスの窓の外にあるフラワーボックスの写真が同封されていた。窓枠は明るい空色で、フラワーボックスの花は明らかに新しく植え変えられたばかりだった。

テフロン・コーティング

病気や自分が切り捨てたいと思っている状況から抜け出せないのは生理学的な根拠がある。小さい頃から受けてきたプログラムを通して行動パターンが深く焼きつけられているからである。その時の信念体系は人生を生きる方法として使われていく。実はそれが罠であるのに、私たちはそれが自分を啓発しているものとして見ているのである。

信念体系の幾重もの蓄積の結果は、私たちの現実を規定する種々の流れの複合体である。私たちを飲み込んでしまうこのもつれから自分を解放するためには、さまざまなアイデンティティーや蓄積との馴れ合い関係を解きほぐす必要がある。その作業を始めると、私たちをつかんでいるそれらの力が弱まってくる。

二十歳になるまで、私たちの世界観はいろいろな源泉から集めたアイデンティティーのごちゃまぜ状態で、ある部分は針金で束ねられ、ある部分は他との矛盾を含んでいる。私たちは、これまで取り込んできた信念や視点を継ぎはぎのように縫い合わせた人生を築いていく。それは自然な成り行きではあるが、自分が誰なのかという問いや本来備わっている能力とはあまり関係がない。私たちのエネルギーは、その時々の理想の束にぴったりとくっついてしまうのである。私たちは自分についているバンドエイドこそが私たちそのものだと思い込み、それが人生の意味を説明してくれると思っている。それを私は「テフロン・コーティング」と呼ぶのだ。ベールを剥がして自分の正体を明かそうと努力すればするほど、そのベールに私たちは執着してしまう。それは『ブレア・ウサギの冒険』に出てくるタール人形に似ている。人生というタール人形を殴れば殴るほど、タールがくっついてしまうのだ。この過程で失うものは自分自身であり、私たちは人生の幻想の中で迷ってしまうのである。

一度、幻想にとらわれて迷いはじめると、「統一場」とのつながりをなくしてしまう。人生の周期は円の形をとって進んでいくので、人生に不足を感じる時、私たちは自分の生活の形態を変える方法を探し、生きる喜びを見つけようと、魔法の薬、金の毛皮、銀の聖杯などを絶えず求め続けるのだ。毛色の違うグルには不足しなくても、魔法の品は存在しないのである。

コズミック・ジョーク再訪

もしも私たちが山を登り、洞穴に住んでいる仙人を見つけたとして、その仙人に人生の意味とは何かを聞いたとする。彼は微笑んで、肩をすくんで見せるだけかもしれない。これは悲劇ではなく、むしろ祝福すべきことだろう。一つの確かな現実があるわけではないということに気づくと、私たちはそれを探すのに無駄な努力を払わなくてもよくなるからである。それがこのコズミック・ジョークの骨子なのだ。何という救いだろうか。これで、新しく上積みする必要や、もう十分負担がかかっている今までの蓄積に、また一つ輪を重ねる必要がなくなるのだ。その代わりに私たちは、さまざまな位相に対して、束縛的ではない良好な関係を築いていくことができるようになる。そうすれば、自分の本質である健康、充実、成就へと身を委ねることができるのである。

このコズミック・ジョークは自然の原理なのだ。私たちが人生を理解するために用いるアプローチそのものが、私たちの理解を拒んでしまうのだ。

私たちが備えているのは、知的な面に対する理解力だけではない。それは、私たちの細胞や筋肉の一つひとつへの理解、さらに心や魂への理解をも含むものなのだ。マヤ（幻想）に迷うことは生きることの特質ではあるが、その力から身を解き放つ術を学ぶことも可能なのである。

トランス・グレイディエント（TG）・ヒーリングという新しい考え方は、新しい思考法のセットではない。アイデンティティーを築くための新しい信念体系でもなければ、自分を帰属させる新しい観点でもない。これは現在の種々のアイデンティティーを乗り越えるためのものである――そのために新しい信念を提供するのではなく、信念一般から自分を解放するためのものである。こうやって、すべての位相や世界観、すべての現実を維持しつつ、どの見方よりも深いところにある聖なる場所を知ることになる。これを通して、最終的には「輪廻《りんね》の輪」から解放されるのである。

TG・ヒーリングは、生き方へのアプローチである。それは自然の諸原理と調和している。自分の存在全体を認めるという意味でホリスティック（全体的）だといえ、同時に自分の注意を引くような要素は、すべてそれへの突破口になり得るという意味では特殊なものでもある。TG・ヒーリングを始めるのは、自分の真の本質に目を向けるということである。そのプロセスを解きほぐすことにより、自分が固めた結び目を解きはじめるのである。

第Ⅳ部

ヒーリング・ダイアモンドの一面

知識は限られている。しかし、想像は世界を包み込む。

——アルバート・アインシュタイン

第10章　漢方薬

漢方薬との出合い

アシュラムで瞑想しながら、私は内なる世界に長いこと浸っていた。休息、瞑想、内省、森の散策に一日のほとんどの時間を費やした。このような時期に私はロン・テーガーテンの書いた漢方の本を手にしたのだった。たっぷりと時間のあった私は、その本を勉強していくうちに次第にその世界に惹かれていったのである。

本の内容は漢方の師についての物語である。漢方の師はテーガーテンに、足のマメから鬱病に至るまでのさまざまな病気を治す漢方薬の教えを授けている。この本を読むのは楽しかった。それぞれの薬草の肉体的・情緒的な効能といった情報だけではなく、多くの薬草についてのスピリチュアルな側面も語っている。古代の伝承や薬草学の知識だけでなく、説得力のある体系的な分野として薬草の世界を完璧なまでに描いた作品である。

巻末には十から十五社ほどの薬草の通販業者のリストが掲載されている。私は無作為に一社を選び、連絡してみた。私は電話に出た男に、読んだ本がとても面白く、おかげで中国の漢方についてもっと学びたくなったことや、自分の体がいろいろな薬草にどう反応するのか調べてみたいと思ったことなどを伝えた。息をついでいる間、「私がロン・テーガーテンですが」と相手が言った。青天の霹靂とでもいうべき瞬間だった。私たちはとても良い出会いを持てたようだ。彼は自分の情熱を共有できる熱心な弟子を得て喜んだと思うし、私は優秀な指導者につくことができて嬉しかった。二、三日してから、さまざまな種類の薬草が入った小包が送られてきた。私は早速、一番よさそうな薬草を何種類も試してみて、いろいろと学ぶことができた。その頃、私はニューヨーク州の北部にあるアシュラムで生活していた。機会があるたびに、ニューヨークのチャイナタウンに足を運び、漢方の店を探して歩いた。漢方薬局には豊かで色鮮やかな文化があった。私はたくさんの書物を見つけ、知識を蓄えたのだった。

薬草の勉強をするうちに、中国の鍼術《しんじゅつ》でいう「光の線」、つまりエネルギーの経穴（ケイラク）についての本も読むようになった。私は中華街の古い店で鍼を売ってくれるところを見つけた。鍼術は理論的には簡単なように思えた。獣医学校で学んだ生理学に基づいて、自分の体を使って試してみた。自分で自分を鍼だらけにしてベッドに横たわっている私を見て、友人たちがよく心配してくれた。

私は、より抽象的な鍼術理論の探究をしていく中で、いくつかの周辺テクニックを自分なりに工夫して実践してみた。それが結構、成功したのだった。一度、後頭部の下の方にエネルギーのブロックを感じていたことがあった。何かしこりのようなものがあって、通常の鍼ではうまく取れなかった。そこで私は違うことを試してみた（当時、私は熟練の獣外科医であったことを読者諸氏は忘れないでほしい。真似をしないように！）。そのブロックをほぐすために、頭蓋骨と第一頚椎の間に何本もの鍼を深く突き刺してみた。作業は慎重に、とても繊細なタッチで行われたがうまくいき、しこりが取れ、即座に違いが感じられたのだった。

鍼術でいろいろ実験をしたあと、中国の鍼師を求めてアシュラムから遠出をした。あちこちに尋ね回った結果、評判のいい先生を見つけることができた。世界でもトップレベルだといわれている人だった。彼の治療を見たら、私が刺したところと同じ箇所を選んでいるのに気づいた。ただ、もう一、二カ所、追加して鍼を打っていて、それは、きちんと学べる体系がこの鍼術にはあるという確認になったのである。

シェン先生

それから間もなく、不治の病を治すことのできる漢方の師について耳にした。彼はガンの治療に成功し、エイズを患った人たちも治したという報告を聞いた。彼の評判は素晴らしいものばかりだった。私は彼にどうしても会いたいと思った。電話で予約をとり、彼に会うために旅立った。

彼のオフィスに入ると、テーブルの向こうに乳児のような肌をした老人が座っていて、私に向かってにこにこ微笑んでいた。「金色の光」が彼の身体や顔を囲み、眼からもその光が出ていた。

私が座ると、その老人は「どうしましたか?」と尋ねた。とくに病気ではないが、評判を聞いてぜひ会いたいと思って、と答えた。これには満足できなかったようで、彼は再び私に聞いた。「なぜ、ここに?」。私はいま以上に健康増進を図りたいと答えた。シェン先生はにっこりとうなずき、眼をほとんど閉じた状態で考え深げに私を品定めした。「いいことです。とても賢い。そのようなことで来る人は少ないですよ」とシェン先生は言った。この日から、先生とはかれこれ二十年も友情が続いている。

朝鮮人参の重要な役割

一度、シェン先生の自宅に呼ばれたことがあった。家に着くと、ダイニングテーブルでお茶を飲みながら話をした。しばらくすると彼は、とても珍しく貴重なものを見せたいと言って、飾り棚からかなり年季の入った木箱を取り出してきた。それは、おおよそ長さが九〇センチ、幅七・五センチ、高さは四センチくらい。彼は、両手でそっと箱を開け、長い根っこを取り出した。根っこのかたまりは無数の細くて長い枝根を生やしていて、それを括るために周囲がひもで結わかれていた。シェン先生は、それを恭しく持ち上げながら、これは二百五十歳にもなる野生の朝鮮人参で、中国のツンペイ地方にある白山で採取されたものだと教えてくれた。世界で最も珍しい貴重な人参で、発見が難しいといわれているものだそうだ。

私は好奇心がそそられた。漢方で朝鮮人参がとても重要な役割を果たしていることは知っていたが、この時から私は、朝鮮人参の世界に魅了され、それは長期に及ぶことになった。私はその神秘を深く掘り下げて研究しはじめた。

朝鮮人参の栽培には、高度に繊細な技術が必要である。野生に育つものも、栽培されるものも、環境がそれにぴったり適合したものでなければならない。野生の場合、人参は山の北の斜面にしか育たないし、適度の水量を必要とし、多過ぎると根腐れし、不足すると干からびてしまう。この過不足の度合いの幅がとても狭いのだ。土と植生の状態もそれに合ったものでないといけない。中国の白山ではこの環境が完璧に揃っているのである。

人参が成長するにつれ、その根っこは手足のある人間の身体のように見えてくる。そのため「人間の根っこ」の言い伝えでは、人参が、ある程度の年まで達すると、その魂である微細なエネルギーは、人間の形をとることができるようになるという。一人で朝鮮人参を採りに行き、森の中に人間が立っていると思い込んだ人参ハンターたちの話もたくさんある。その人参ハンターたちが見たのは人参の微細なエネルギーで、もう一度見直すと自分だけしかいないということに気づくのだ。伝説によると、二百年もたった人参は、自分の居場所からハンターの目をそらし、違う方向に向かわせることができるという。採取技能の優れたハンターでも、サイキックな力がないと古い人参を見つけることができないらしい。

朝鮮人参採取は、師から弟子へと世代を通して伝承される秘密の技法である。野生の人参を発見する方法を学ぶのは真剣そのもので、どのように、その方法を秘密に保つのかも一緒に学ぶのだ。この伝統はかなり厳しく守られているようである。

朝鮮人参にはアメリカ産とアジア産の二種類があり、それらの効能は根本的に異なる。アジア産は大体において陽の効力があるとされ、アメリカ産は陰である。漢方で、アジア産はとても強い太陽のエネルギーがあるといわれ、特定の容態の人にしか処方されない。比較的年齢が高い男性に処方された場合、男性エネルギーの促進には効果があると感じられるかもしれない。アメリカ産の方は用途が広く、ほとんどどんな場合にも使える。例外はアジア産の五十歳から二百歳のものである。伝説によると、中国の古い朝鮮人参を一度でも飲むと、長い健康な一生を送れるというほどである。古代の人参の精霊が、飲んだ人の守護天使になって守ってくれるのだそうだ。

シェン先生は実際にこのような古い人参を一本分けてくれた。彼はそれを大きな鍋に入れ、大量のハーブとともに伝統的なやり方で処方してくれた。完成するまでには何日もかかったが、五〇ガロン（約一九〇リットル）の液体と薬草は、最後には半ガロンの濃い液体になっていた。この濃縮液茶さじ一杯をコップ一杯のお湯で溶かすと、濃いお茶ができた。私はそれが全部なくなるまで、一日コップ二杯を飲み続けた。

私は朝鮮人参が大好きだ。普段はアジア産ではなく、アメリカ産のものを飲んでいる。中国産ということだけで珍重されるので、質の悪い人参でもアメリカでは高値で売れて笑いが止まらないという話を聞いたことがある。実はもっと用途の広いアメリカ産の人参の方が貴重なのだ。

私がアメリカ産人参を使いはじめた頃は、五十年物の人参を五〇ドルで一ポンドは買えたが、今では、質の高い根はその半分の量で五〇〇ドルもする。価格は高いが、若い根と年代物の根とでは効力が全然違うのである。七年の根っこと五十年のものを茶さじ一杯ずつ比べてみたら、違いは明らかだった。七年物は薄く、ドライでどんよりした感じだが、五十年物の方は濃厚で輝いていた。若い方はおがくずのような味がし、年代物の方はネクターのようだった。人参に関心のある人は、その違いをよく理解する必要があるだろう。シェン先生は、栽培された朝鮮人参を飲むのは野菜を食べるようなものだと言っていた。

アメリカ産の人参は北のウィスコンシン州から南のカロライナ州まで、テネシー、西バージニア、アイオワなどの広範な地帯に生息する。いちばん上等な人参は西カロライナの西部に育つという。

私は自宅のあるカロライナ州で、現代の人参ハンターを何人か見つけることができたが、どんな方法を使うのか聞き出せないでいる。簡単には秘密を明かしてくれないのだ。私には人参狩りに深く関わっている友人が一人いて、彼は採取だけで生計を立てている。毎日、カロライナの原野へ出かけ、秘密の宝を持ち帰ってくる。今は個人的に自分が使う分だけ、その友人に売ってもらっている。

人参の人気が高まるにつれて、採り過ぎてしまった場所が多くなり、最近、採取に関する法律が極めて厳しくなってきた。人参の採取にはライセンスが必要で、栽培に関してと、他人の私有地での採取に関してはとくに厳しい規則がある。

効能については、朝鮮人参は万能薬で何にでも効く。一つは神経鎮静剤の役割を果たし、神経系をリラックスさせることができる。また、肉体のシステムに活力をもたらすエネルギー源でもある。薬草を学ぶ以前、私は食物からのエネルギー補給だけでは足りないような気がしていた。食事をすると満腹感はあるのだが、何か奥深いところで飢えた感じがあった。ビタミン剤をとってみたが変化はなかった。人参は見事にそれを補ってくれたのである。

霊芝は不死の薬草

漢方でもう一つの重要な薬草は霊芝《れいし》だ。霊芝は中国で何千年もの間、不死の薬草と考えられていた。中国の絵などをよく見ると、天国の山の頂上や神々のいる雲の横などに霊芝茸が描かれていることに気づくであろう。霊芝は免疫を強くする。アジアや西洋で行われた科学的な研究で、霊芝には免疫力を高める効能があることが確認されている。長寿の背景に、健康な免疫システムがあることは明らかである。

健康食品の店で霊芝を手に入れることは可能だが、ほとんどの場合、薬草としてではなく野菜として売られている。霊芝がどのように育てられ、加工されたかで最終製品の質がずいぶんと変ってくるのだ。

私は霊芝の性質について学んだ後、最初に中国産の野生の霊芝を買い、伝統的な方法でそれを煮詰めてみた。これで作ったお茶を飲み、確かに効能を感じることができた。唯一の難点は価格で、コップ一杯で五〇ドルもかかってしまった。二年ほど前に、経済的な良品を譲ってくれる、チャイナタウンの漢方医を見つけることができた。

中国政府は、韓国政府が朝鮮人参に対して行っているように、霊芝の生産と品質を管理している。生産法はとても厳格で、効力のある製品として保証もしている。霊芝の生産は一つの科学分野でもあり、特定の工場でカプセルに加工されている。この過程は有効成分だけを抽出するのではなく、霊芝全体を凝縮させるような感じだ。この霊芝は、品質と製法を保証する政府のシールが貼られた箱に入って届く。

私が初めて霊芝を飲みはじめた頃、自分自身の新しい存在レベルに滋養が行き渡るのをすぐに感じた。規則的に霊芝を飲んでいると、まわりの人たちが病気にかかっても、私は風邪も引かないし、インフルエンザにもかからない。霊芝を飲む前は、妻のターニャと私はどちらかが風邪を引くと、相手にもすぐ移ってしまった。妻は霊芝を毎日飲む必要はないと言っていたが、今では私がいつも元気なのを見て、一緒に飲むようになっている。

ラジオニックス

シェン先生は国際舞台で活躍する医者である。彼のオフィスには世界中から漢方医がやって来て、彼の仕事ぶりを見て学んでいた。彼が患者を診察している時の洞察力は、普通の医者の視野をはるかに超えていて、まさに霊能力と呼ぶべきものである。

ある日、四十代の女性がシェン先生を訪ねてきた。先生は脈をちょっと診ただけで、彼女が二十一歳の時、レイプされ、それが彼女の情緒面に傷を残し、健康面に影響が出ていると診断した。患者はびっくりして、事件の年まで正しいと言った。シェン先生はもちろん、その後遺症の影響も見事に解消することができた。

シェン先生の精妙なる洞察力を示すいい例がもう一つあるが、まず、その背景を少し説明しよう。私は一時、ラジオニックスに関心を持ったことがある。ラジオニックスに関心を強く持つのは西洋の科学者が多く、彼らは熱狂的かつ秘密主義で、それはまるで偏執狂に近い状態だ。簡単にいうと、ラジオニックスはハイテクな魔術のようなものだ。この装置を使って、遠く離れた物体に抽象的な性質を伝送することができるというのである。

ラジオニックスの一つのプロセスを、自分自身の写真を使って説明しよう。写真をテーブルの上に置いて、私は「霊芝」という言葉を紙に書いて写真の上に載せる。ラジオニックスの信奉者によると、その紙の上にラジオニックスの装置を載せると、本物の霊芝の性質が私の身体に伝達されるというのである。実際に霊芝を飲んだように自分の肉体が反応するらしい。ラジオニックスの研究者が秘密主義なのは、スパイ活動にこのプロセスが利用されるのを懸念していたからだった。

私は、ラジオニックスを実践している大きなネットワークにたまたま遭遇したことがあった。彼らは小さな秘密集会を開いて、誰が最も効果的なラジオニックス装置を作ることができるかを競っていた。私の見た機械でいちばん大きいものは、一辺が一メートル五〇センチくらいの立方体で、いちばん小さなものはペンの直径より小さく、二・五センチほどの長さだった。最近の大会では、その小さいものが最も強力だとして優勝している。私はいくつか装置を買い、今でもそれを持っているが、何人かの発明者から説明を聞いた限りでは、それはあまり論理的ではなく、筋が通っていないように思える。

ある日、シェン先生と私は、購入した装置で遊んでいた。最初、シェン先生はあまりしゃべらず、私の説明を黙って聞いていた。それから私たちは、ある実験をしてみることにした。私は先生に、何でもいちばん希少な薬草をすべて使って処方箋を書いてほしいと頼んだ。彼は紙切れにリストを作り、私の写真とラジオニックスの装置とを一緒に助手に持たせて他の部屋に移動させた。助手は、装置を外したり、乗せたりするようにと指示された。その間、隣りの部屋で、彼は私の脈をとり、その状態を記録する。私たちには隣りの部屋の助手の様子は見えなかったが、彼女に私たちの声は聞こえていた。

結果は劇的だった。シェン先生は脈を診ながら眼を閉じたが、急にびっくりしたように眼を大きく開いて戸惑いながら、「脈が強くなったぞ」と言った。数秒すると、彼は普通に戻ったと言い、また眼を閉じた。次に彼は、また眼を大きく開けて、驚きを隠せぬ声で「脈が強くなった」と言った。脈が変化するのに驚いているようだった。その後、助手は、シェン先生が「脈が強くなった」と告げた時は、必ずラジオニックスの装置が写真と処方箋の上に載っていたと報告したのである。

チャクラは存在しない？

ある日、シェン先生と話していると、チャクラが話題にのぼった。シェン先生はチャクラなど存在しないと言って、その考えを退けたのだった。私はその時、チャクラを見る技術を身につけはじめていて、患者のヒーリングを促すのに利用していたので、彼の言葉はショックだった。このように才能のあるヒーラーで、人間の身体のエネルギーを最も深いレベルで理解できるほど敏感な人が、いとも簡単にチャクラなどないと言ってしまうことに好奇心がそそられた。この経験から、いろいろなヒーリングの方法は、ただアプローチの違いだという理解を深めることになった。要するに、チャクラを使ってもいいし、使わなくてもいいのだ。

最もパワフルなのは、さまざまなヒーリングのアプローチを融合させ、意識と知性をもって統合していくというものなのだ。患者の自己治癒機能を促進させるには、異なるメンタリティーに即座に切り替えられる極めて柔軟性のある能力が要求されるからである。

シェン先生のチャクラの概念の否定は、針金細工のおもちゃを彷彿させ、私の心に強く訴えるものがあった。私には、彼が望めば、すぐにチャクラが見えるだろうという確信があった。彼は素晴らしく精妙な鋭い視野を持っていたが、彼は違う観点で物事をとらえていた。実際、ヒーリングというのは視点の問題である。針金細工のおもちゃを覗いて、四角が見えるのか、それとも三角が見えるのかと聞くのと同じである。そこには両方あって、見方を選択できるのだ。

ある時、西洋の医者が中国医学を勉強していた。「三焦《さんしょう》」は中国医学には欠かせない概念で、実体のある臓器のようなものとして話題にされる。西洋医は、「身体を全部調べた結果、はっきりと断言できるが、三焦などというものは存在しません」と言った。中国医は礼儀を欠かせずに、しかしきっぱりと、「それは、どうでもいいのですよ」と答えた。そして彼らは「身体の中に三焦があると私たちは理解し、それでうまく仕事ができています。その存在を認める価値はそこにあります」と言うのである。

西洋人は事象を隔離して、科学的に証明することに一生懸命になる傾向がある。しかし、もっと精妙な視野で考えてみると、科学的な方法のいくつかの側面がうまく機能しなくなる。今はチャクラを科学的に探知する装置を作ることも、チャクラが存在しないことを証明する装置も作ることができるだろう。どちらの機械が現実を見抜いているのだろうか？　それは両方であり、かつ、どちらでもないともいえるのではないだろうか。

私たちは一つの機能をモデルとする機械を作ることができ、それはそれで、ちゃんと仕事をしてくれるだろう。何かを検査したければ検査し、正否を判断してくれるだろう。人間の生理も特定の一つのモデルを好む傾向があるが、一つに縛られる必要はないということを決して忘れてはならない。私たちは多次元的な存在であり、完全な健康とは、すべての次元が調和しているということなのである。

薬草が効く理由

薬草は、私たち人類とともに何百万年も進化してきただけに、素晴らしい治癒力の可能性を秘めている。私たちの身体はこの惑星の土の波動から成長し、進化してきた。私たちの進化に比例して、植物も同じ土と魂から進化してきた。私たちは自然の汎次元的、多次元的、そしてトランス・グレイディエントな自然法則の統合体である。これらの法則は、すべて私たちの中で同時に機能し、すべての生き物の中で同様に働いているのだ。さまざまな植物や動物には異なった自然法則が働くので、それぞれ、異なった外見や行動パターンを持っていて、異なったパラダイムに応じて機能しているのである。

病気は生理学的統合の崩壊から生じる。健康な身体を流れる活力が失われ、理由はともあれ、自然法則の流れがうまく働いていないのだ。その状態を治癒するためには、病人は健康体のモデルをより活性化した形で持っている薬草をとる必要がある。植物が身体に取り入れられると、身体は植物の持つ自然法則と波動し合い、その法則が個人の中で目覚める。そのように薬草は働くのである。

西洋の医学は物事を単純化しすぎた結果、逆に物事を複雑にしてしまっている。西洋の研究者は薬草を研究のために採取して、因果探究の視点で取り組む。植物の中からある特定の成分を抽出して、治癒力のある成分を発見したと思い込み、その活性成分は合成され、大量生産される。合成成分にも薬草と同じ効力があると見なされているのだ。

実は、そのようにはいかないのである。隔離された成分は効力を有しないのだ。それは何百万年もかけて実を結んだその全体性を失うことになるからだ。自然法則と調和して進化してきた植物そのものが重要なのであり、そこから成分を抽出したとたんに調和が崩されてしまうのである。

たとえば、ジギタリスは化学物質で、心機能を増進するために患者に投与される。投与は非常に慎重を要し、少しでも与え過ぎると致命的だ。私は犬の治療にこれを使っていた。

ジギタリスはフォックスグローブという野生の花に含まれている成分である。この花は心臓の鼓動を強めるために用いられる。薬草と抽出成分を比べた時の大きな違いは、薬草をとりすぎた場合、人間はそれを吐いてしまう。身体が受け入れられず、その摂取を拒否するからだ。これは統合というものの一つの例である。私たちは何千年もかけてこれらの植物とともに進化し、生存してきた。片や、人工的に抽出された成分は、この物語の全容を語ってはくれない。今日の専門的分業化の文明が、私たちをここまで導いてきたのである。

野生の薬草と人間が育てた薬草の違いにも同様の作用がある。植物は決して独立した存在ではなく、環境が表現されたものである。ある特定の環境をうまく利用して、何百万年もかけて植物は進化してきている。まさに、植物が環境そのものといえるのだ。人工的に育てられたものは、野生の植物のように地球の呼吸から生まれてきたものではないので完全なる表現とはいえないのだ。

同じ原理は有機野菜とそうでない野菜に当てはまる（合成水晶と天然水晶も同じだ）。有機トマトとそうではないトマトの鉄分の含有量を比べると、一万倍とかの差ではないだろうか。われわれが自然法則に反して生きる限り、その影響は未来永劫に及ぶであろう。

中国医を選ぶ

私の経験では、中国出身のオリエンタル・メディカル・ドクター（ＯＭＤ）と呼ばれる医者が漢方医学の訓練を一番しっかりと受けているようだ。アメリカでの薬草医学は、まだそのレベルにはいない。基準を定めて体制が整備されてきているが、中国のシステムとアメリカのアプローチは比較にもならないのが現状である。中国の漢方は何千年もの歴史があり、漢方医学はすでに確立されていて、系統化され、効果的に教えられている。

もし、漢方を使ってみたいと思う方はＯＭＤを訪ね、きちんと診断を受けるとよい。

一般的に、漢方医から薬草をもらう形態は二つある。一つは、漢方の薬草そのものを処方に応じていくつもの小包に仕上げたもので、その薬草を一日置きに水に入れて煎じ、漢方茶を作る。これは何時間もかかり、気をつけないと完全に煮詰めてしまい、鍋を焦がしてしまうことになる。これに関して、私はとてもいい方法を見つけた。水を入れたカップに薬草を少し入れ、皿でふたをする。そしてコーヒーを保温する機械に一晩置きっぱなしにしておくと、朝、目が覚めた頃には、ちょうどいい案配の漢方茶が出来上がっている。その漢方茶を空にしたら、また水を足して、もう二十四時間ほど放っておく。すると、翌朝のモーニングティーにできる。それから出がらしの薬草を捨てて、また最初から始めるのだ。

もう一つは錠剤で、中国の錠剤は安全だが、煎じる薬草ほどの力はない。アメリカでもこの処方で上質のものが作られはじめているが、これはとても値が張る。

第11章　フィリピンの心霊手術師

私がフィリピンに住んでいた頃、心霊手術を施す医者の話を耳にして、彼らについて興味を持った。最初に会った心霊手術師はアレックス・オービトという名前だった。私は何人かの友人と連れ立って、彼に会いに行った。彼のヒーリングへのアプローチは、それまでに見たものとは大分異なっていた。彼の講義を聴くと、彼は科学に関心がないかのように自分を媒介として使う天使の話をし、まるで純粋な子供のようだった。

西洋では心霊手術師というと、体の中にまで入って否定的なエネルギーを取り去るということで有名だ。術後には、何の傷も傷跡も残らない。私は、実際に言われているように彼らが人間の皮膚を通して肉体に入り、否定的なエネルギーを摘出しているかどうかは、ここでは不問に付したい。とはいえ、私と友人たちは、いくつかのとてもドラマチックな体験をしたのだ。それは実に面白いもので、私は長い間、心を惹かれていた。

私がフィリピンに住みはじめた頃、鼻の片方がよく詰まることがあった。ある日、私はその問題を解決するために、心霊手術師を訪ねたのだった。私が椅子に座ると、彼は私の鼻の横から中に指を入れた。それはとても不思議な感触だった。信じ難いことだが、私の皮膚を通過して、指の何本かが奥深く鼻の穴の中に入ったような感じがした。そこで彼は、何かをつかんで引っ張り出した。ある段階で彼は「ほら」と言った。その言葉が発せられる一瞬前に、私は鼻孔が開いたのを感じ取った。驚いたことに、それ以来、鼻の問題で悩まされることはなくなったのである。彼は、そこにあったポリープを取り除いたのだと言っていたが、こういった体験について何と言えばいいのだろうか。治ったのは確かで、あとは読者諸氏の判断にお任せするしかないだろう。

これらの心霊手術には、それを合理的に説明したり、この過程を体系化したり、整理したりする発想はないようである。

私は何人かの心霊手術師と友人になり、ある日、座ってSSP（サトル・センス〈精妙な感覚〉を認識する力）の開発について話していた。どうやって人びとにSSPを説明できるかという話題で、一人の女性心霊手術師の答えを私は今でも覚えていて、自分の生徒に教える時に役立てている。彼女は「私は眼で感触を感じます」と言った。

アメリカの生活水準から見ても裕福だったアレックス・オービトは、フィリピンでは桁違いの億万長者だった。彼は広い庭に囲まれた豪邸に住んでいた。毎週、土曜日になると、心霊手術師、マグネティック・ヒーラー（西洋ではエネルギー・ヒーラーと呼ばれ、フィリピンの心霊手術師には見下されている）や、さまざまなヒーラーが世界中から集まり、彼の敷地に店を構える。一人一台の小さなテーブルと、椅子を二脚ずつ持って、家の中、庭、車庫とあちらこちらに散らばった。まるでカーニバルかヒーリングフェアといった感じである。大勢のヒーラーが自分の能力を披露していて、私たちは多種多様な人生哲学を聞き、さまざまなヒーリングのスタイルやアプローチを比べては、次から次へと訪ね歩いた。彼らへの謝礼は一般に五〇セント（約六〇円）以下だった。

その中で、山に住んでいて、たまに降りてくる「ボーンマン」（骨の治療師）が、私の印象に残っている。それは実に不思議だった。彼はカイロプラクティックをまったく新しいレベルまで引き上げていた。ただ骨を調整するだけではなく、彼にはそれ以上のものがあった。彼が骨を調整すると、二度とその骨を調整する必要がなくなるといわれていた。私の友人の一人も、ボーンマンに一度の治療で持病を治してもらったと言っていた。

心霊手術師には子供っぽい面もあった。誰がいちばん腕のいいヒーラーかいつも話題になっていて、得意になったり見栄を張ったりして、自分の派閥もつくるのだった。面白いことに、みんな気が狂ったようにタバコをよく吸っていた。

エドガーという名前のヒーラーがいた。私は彼とヒーリングフェアで初めて知り合った。私は彼に会うために長い列の後ろについていた。すると彼は突然、作業をやめて、列の後ろまでわざわざ歩いて来て、私の腕をつかんだ。もう一方の手の指を私の顔の前で振って、「あんたはここの仕事をすることになっているんだよ」と言った。

彼は私を列の一番前に連れてゆき、自分の隣りに立つよう指示した。それから、待っていた人を呼んで椅子に座らせた。エドガーはせっかちに私の方を見て、「この人はどこが悪いのかい?」と聞いた。私はあっけにとられていたが、気を取り直して自分の見立てを伝えた。エドガーは、「そう、合っているぞ。じゃあ、治してあげなさい」と指示した。私はこの人のエネルギーフィールドが健康になるために必要なヒーリングを施した。エドガーは「いい仕事だ。彼を治せたじゃないか」と言った。それがエドガーとの関係の始まりだった。

エドガーはとにかく大した人物だった。彼には女性的な面が強く、いつも甘い詩的な言葉で話していた。一度、彼になぜタバコを吸うのか聞いたことがあった。彼は人から取り出すストレスには微妙な匂いがついていて、それが気になったからだと言う。ストレスの匂いを嗅がなくていいように、タバコを吸っていたのである。

一度、エドガーが部屋を見回して、「どこを見ても三が見える。向こうにも三、こちらにも三」と言った。何を言おうとしているのか知的には理解できなかった。そもそも彼には知的な解釈が成り立たなかった。モデルの概念が私の頭の中でぐるぐる回りはじめていた。三位一体、父と子と精霊、そしてアーユルヴェーダの伝統にある三つのグナのことも考えた。彼がいろいろな伝統で具現化されている「聖なる三」の話をしていることは伝わってきた。これは彼にとって、ただの概念ではなかった。エドガーはどこを見ても、三位一体の直接的な経験をしているのだ。

もう一人、このグループとは独立している心霊手術師がいる。彼の名前はホアン。彼は面白い人で、患者を午前二時にしか診ないのだ。彼によると、その時間は最もエネルギーが強くなるそうだ。私はホアンが素晴らしいヒーラーだと聞いて、ぜひ会ってみたいと思った。彼はアメリカに呼ばれて、ミシガンの大学でもテストされ、ガン患者の治療を試みたらしい。彼の治療の前後にレントゲンが撮られ、治療前に写っていた肺の腫瘍がヒーリング直後には消えていた。彼と親しくなってから、アメリカの新聞に掲載された、そのテストについての記事を見せてもらった。

初めてホアンに会いに行った時、待合室に私たちが入って行くと、フィリピン人の婦人が治療室に運ばれてきた。彼女の足には血だらけの汚れた布が巻かれていた。それまで会ったことのないホアンが待合室に顔を出して、私たちに見学するよう声をかけてくれた。

そこで見たことに、私は愕然とした。深夜の二時で私は疲れていたから幻覚を見たのかもしれない。ホアンは女性の足の腐った部分に指を入れて、長細いねじれた人参のように見える何かを引っ張り出したのだった。あとで聞いた誰かの説明によると、この女性の足には悪性の腫瘍ができていて、ホアンはそれを「根こそぎ」引っ張り出したようである。

私は外科医であり、訓練を受けた獣医である。今まで見慣れてきた腫瘍とはいえないが、確かに見たのである。この経験をどう説明したらいいのだろうか。とにかく迫力があった。

女性が帰り、私たちはホアンとしゃべりはじめた。彼は控え目で、少年のように可愛い感じだった。彼のハートには純粋なものしかなかった。心霊手術師の持つ純粋な自我の性質が、とくに強く現われていた。彼は他の心霊手術師のようには仕事をしないと言っていた。

「天使たちが他の手術師たちに働きかけていますが、私は神と直接仕事をします」と彼は言い、聖書を取り出すと、目をほとんど閉じて本を開け、導かれたように特定の場所を指差し、神がその箇所を私に読むように言っていると説明した。

その文章には、汝はヒーラーたちを癒して、世の人びとに癒しを教えるようにというようなことが書かれている。そのメッセージは、神から直接、私に与えられたもので、神が私を「青い光につなげるために」一週間、彼のもとへ通わせるように指示していると言った。青い光とは、偉大なヒーリングパワーを与えてくれるものだと彼は話してくれた。

私は喜んでその申し出を受けたかったが、当時のフィリピンは治安が悪く、私の住んでいる地域では夜間外出禁止令が布かれていた。深夜の二時にここまで来るのは一度でも非常に困難で、それを一週間続けるのはとてもできない相談だと説明した。そこで彼は、それならば昼間でもいいと折れてくれた。

その次の週から、ホアンに会いに毎日午後、出かけることになった。彼は私を青い光に導くために一生懸命、いろいろな不思議な儀式を行ってくれた。最後に青い光を持ってきてそれを私のエネルギーフィールドに結んだ。その時、私はシフトを感じたが、劇的な変化は感じられなかった。ホアンは青い光があまりにも簡単につながったので驚いていた。

それから間もなくして、エドガーに会いに行った。私はホアンとの体験については何も話さなかったが、エドガーは私を一目見たとたんに、私の前に泣きながら跪いた。彼は私の両手をつかむと、その手を頬に持ってゆき、「与えられたのですね」と言った。この出来事は、彼にとってとても大きな感情を呼び覚ますものだった。彼にホアンが何をしてくれたのかを説明すると、エドガーはまた泣きはじめた。私は今、青い光を生徒につなげているが、それほど大袈裟なことではなく、その最中に半分の生徒は寝てしまうのだった。

ホアンはマス・ヒーリング（大規模な集団の癒し）をするので、あちこちの州で有名だった。彼が天を仰いで立ち、ヒーリングのエネルギーを地上にもたらすと、大勢の人たちが彼のそばに寄って身体に触れるのだった。結果は劇的だといわれていた。心身効果、信仰の力、プラセボ効果など、それは何とでも呼べるが、彼に触れようと地上を這ってきた人が、ヒーリングが済むと歩いて帰って行くのである。

フィリピンで何人の心霊手術師から手術を受けたかは数えきれず、しまいには治す材料がなくなってしまったほどである。彼らに、もう終わりだと言われたが、それでも私は彼らを訪ねて行き、仕事ぶりを見てヒーリングの話をした。

その中にもう一人、とても腕の立つジュリーという心霊手術師がいた。ある日、ジュリーは指先を使って私の心臓を触った。痛みは少ししかなく、彼女の指が胸骨の間を通って心臓に入るのを感じた。通常、一つの場所から入って同じ場所から出るのだが、彼女は大動脈を進んでゆき、その間、彼女が指を動かすと骨が分かれていくのが感じられ、胸骨を透かれるようだった。その感触を想像していただきたい。それはとても不思議な感じだった。それから、何本かの指が腹までずっと進んでいった。心臓と大動脈の掃除をしてくれたのだそうだ。あとの痛みや傷跡や外傷は何もない。

これだけ心霊手術の探究をしていると、フィリピンで広範囲に実践されている黒魔術を避けて通るのは無理だった。ある週末、ヒーリングフェアでアレックスがいろいろな人を次から次に治療している姿を見ていた。彼は車庫で治療を行っていたが、まるで教会の長椅子のように人びとが静かに座り、自分の番になるとテーブルに行く。彼には手伝いのチームがついていて、患者がテーブルに横になると、次から次へと治療を始める手順である。

私は車庫の外でその様子を眺めていたが、どう解釈していいか分からないことが起きた。アレックスはテーブルに上がり、仰向けに寝ている患者にまたがって座ったのだ。彼が患者の腹の中に手を入れて何かを引っ張るのが見えた。それは黒いビニール袋のようで、その袋が引っ張られると、患者の身体全体が十五センチほど浮き上がった。アレックスは袋が全部外に出るまで引っ張り続けた。それを持ってテーブルから降りると、その男の顔のところまで近寄って、彼の目を見ながら指を振り、地方の方言で叱ったのだった。私は近くにいる人に、彼が何を言ったか聞いてみた。すると、この男性が黒魔術師のところに行っていたのだと教えてくれた。アレックスは、「黒魔術などに行くなと言っただろう」と怒っていた。

聞くところによると、フィリピンには、どんな素材であろうとその精妙なエネルギーを抽出して、それを人間の身体に注ぎ込む黒魔術師がいるそうだ。それによって、彼らは標的にされた人間のエネルギーをコントロールできるようになる。これが習慣化すると、その人間は自分の身体を維持していくためには、この方法に頼るしかなくなるのだ。こうやって彼らは、人びとを自分のところに来るよう誘惑するらしいのである。アレックスは、そのエネルギーを再び物質化して身体から取り出さなくてはならなかった。それで、ゴキブリやビニール袋を取り出すことになるのだ。

＊

時折、ある心霊手術師の一人が、謎の洞穴の話をすることがあった。すると、グループのみんなが静かになり、互いに視線を交わすと、必ず誰かが話題を変えるのだった。みんなその話に触れたくないようである。そのうち、この洞穴がエネルギーの場所だとみんなに知られているということが分かった。彼らはその洞穴をレムリアへの入り口と呼んでいた。

私もレムリアのことは聞いていた。伝説によると、アトランティスのように太平洋にあった失われた文明である。レムリアへの入り口は、ハワイの伝説上の小人たちが住んでいるといわれる地域とつながりがあった。明らかにこの伝説の小人が洞穴の近くの地底に住んでいて、レムリアと何らかの関係があるということだった。

知り合ってから半年くらいたつと、彼らは、その洞穴に私を連れて行き、レムリアへの入り口と小人たちを見せる時が来たと判断したようだ。私は何らかの通過儀礼だという印象を受けた。

ところが残念なことに、急に仕事でアメリカに戻るようにと言われてしまったのだ。アレックスに別れを告げに行くだけで、飛行機の時間はぎりぎりだった。結局、私は洞穴に行くことはなかった。

第12章　アロパシー

アロパシー（逆症療法）は、現在の西洋医学では主流なモデルとなっている。これは世界を制覇し、これ以上の病気の治療法はないと広く支持されている。健康について考える時、私たちの多くはかかりつけの医者、病院、医薬品、そして健康保険などについて考える。私たちはアロパシーの発想にどっぷり漬かっているので、その他の治療法を代替療法と呼んでいるほどである。

辞書によると、アロパシーとは症状を除去する医薬品によって病気を治療する方法だと書かれている。これはとても興味深い。アロパシー的なモデルは健康維持のためではなく、病気の症状を取り除くためにあるのだ。この違いは非常に重要で、ほとんどの場合、病気の症状が外に現われないと私たちは医療品など用いない。現在、行われているアロパシー的なアプローチでは、健康へのケアよりも病気のケアに重点が置かれている。

伝統的なアロパシー医療は、さまざまな議論の的となっている。現在のホリスティック・ヒーリングと呼ばれる流れには反アロパシー的な傾向があるし、同時に、アロパシー派の医師がアロパシーの傘下にホリスティックな技術を取り入れようとする試みもある。薬事法に沿いながらも、製薬会社がハーブ類の調剤薬を販売して流通をコントロールしようとする動きもある。あるグループは、アロパシー的な健康管理システムを国営化して基本的な医療品が簡単に入手できるようにしようと試みている一方、他のグループは、薬漬け療法に基づいた医療に疑問を投げかけている。このような摩擦は、世の中が激しい攪拌プロセスの渦中にあることを証明しているのである。

明らかにこの時点で、アロパシー的な医療に背を向けてしまうのは愚かな行為だ。進化とは、何かとともに統合することであって、何かから孤立することではない。私たちが受けている挑戦は、アロパシーのモデル、そしてすべてのヒーリングのモデルと健全な関係を構築することである。

確かに、アロパシー的なアプローチには計り知れぬ価値がある。病気の症状を取り除く時の強力な味方になってくれるだけでなく、癒しの技術を地に根づかせるための合理性を与えてくれる。科学的な方向づけが西洋の基本的な論理性としっかり結びついて、そのため、つかみどころのないナンセンスに無駄な時間を費やすこともなく、私たちが合理的な世界にしっかりつながっているよう助けてくれる。これは失いたくない素晴らしい側面である。

同時に、もし私たちが科学的な観点のみを受け入れるなら、自分の肉体を単なる物体に矮小化《わいしょうか》することになる。科学的な観点は、観察して測定できる解剖学的な側面にしか焦点を合わせないので、人間の生理の大事な部分が見過ごされることになる。それでは、人間であることの意味をほとんど見失ってしまうことになる。

走っている電車から窓の外を見ると、木々が動いているように見える。でも、実際に木は動かないのだから、それは不条理である。でも、そう見えるものなのだ。私たちは一つの視野だけにとらわれてしまうと、不条理な世界をつくってしまうのだ。残念ながら、私たちの文化における健康と癒しに関しては、そのような状態が現実なのである。

合理性の名において、私たちは統計的な研究書をたくさん生み出す。統計には価値があるが、政治家がよく知っているように、統計は広い範囲の異なる結果を支持することにも利用できる。統計は複雑なシステムを過度に単純化する。たとえば、最近のフェンヘンの問題を考えてみよう。フェンヘンは医学的な研究や統計によって安全だとして認可されたダイエット用の薬剤である。ところが事もあろうに、この薬は心臓に弊害をもたらす原因となってしまった。今では、フェンヘンを飲んだことがあれば心臓の検査を受けた方がいいと言われているくらいだ。

アロパシーの発想は何十回も同じ状況に私たちを追い込んでいる。サリドマイドとDESは一九五〇年代に妊婦たちに供された薬で、その当時生まれた子供に問題を引き起こしている。科学的なアプローチもいいが、それは決して欠陥のない象牙の塔ではない。その観点に内在する限界に気づき、その長所を引き出していく時に最良の結果が得られるのである。

アロパシー的な医療の反対の発想は、患者が癒しの対象ではなく主体になることだ。人間を限定された生化学的な機械とか薬品や取り替え部品で修理できる物としてではなく、自分の中にある自己修正機能を通して、無限に自分を癒すことができる患者として見るのだ。この視野を持てば、アロパシー的な健康モデルに自分の生理を合わせる方法ではなく、個人の独自な自己修正機能を促進させる方法を探していくことになる。しかし、そのようなアプローチは、アロパシー的なモデルを使っているうちは職業上の自殺行為になる。もし医者が科学的に正しい理論に従わなければ、その医者は訴訟の対象にされる可能性があるだろう。

この三、四十年の間に、私たちは驚くべきほどのホリスティックな健康ブームに入っている。関心が高まれば、主流の医学もホリスティックな方法に関心を示すことになり、うまく組み合わせて一緒に働きはじめれば、それぞれに得るものがあるが、その反面、危険もはらんでいるので気をつける必要もある。危険があるのは、そこに領域同士が重なり合う可能性があるからだ。

ホリスティックな健康療法とアロパシー医療は基本的に対立し合う原理に基づいている。互いに異なるというだけで、それぞれが独自の視野を持ち、役立つのだ。もし、アロパシーを統治する権利者がホリスティック医療を取り締まろうとすると、その結果はネガティブなものにしかなり得ない。もはやホリスティックの「ホリ」（全体という意味を持つ）の総称はつけられなくなるだろう。

私が「ホリスティック」という言葉を使う時、私は存在全体の理解について語っている。それは自然が多数の視野とモデルを通して機能しているということである。真のホリスティックなアプローチは、これらの視野をすべて抱き込んで統合した形でまとめているのである。

実はアロパシー医療の方がホリスティック医療の一部分で、アロパシー医療のアプローチは、ホリスティックな理解を評価したり、証明する力を少しも持ち合わせていないし、その必要もないであろう。私たちの目標はモデルを混ぜこぜにするのではなく、統合した形ですべてを使うことだ。絵描きにとってパレットの絵の具の色は、それぞれの価値がある。なぜなら、すべての色が混ざり合ってしまったら、黒一色になってしまうからである。

多くのヒーリングのモデルは、病気ではなく健康に焦点を合わせている。この視野からヒーラーは、まず患者の健康な場所を探し、その健康な面をどうやって身体全体に持っていくかに技術を使うのだ。コップの水が半分の場合、半分空っぽとするか、半分入っているとするかのようなものである。漢方医はコップに水を満たすことに気をまわし、アロパシーの医者は空の部分を攻めるであろう。コップを水で満たしたければ、空っぽの部分に焦点を置いても始まらないだろう。最良の解決法は、さらに水を足すことだ。空っぽの部分は、ある意味では幻想のようなものであるからだ。

アロパシー的なアプローチについて他の視野を持つ者は、それを懸念している面がある。たとえば、感染症のために抗生物質を飲むと、私たちは気分がよくなる。多くのホメオパシーや他の伝統医療では、薬の治療は感染病を感じられない筋肉組織の深いところに追いやってしまうといっている。彼らは、そのようなやり方は自分たちの身体の組織に戦いを続けさせ、病気を長引かせる原因をつくっていると理解している。この理論によると、組織が抑圧されたりストレスがあると、感染症は表面化して抗生物質で再びそれを抑圧することになる。ホメオパシーの伝統では、病気が表面に出るように薬を与え、免疫反応を強化することによって、身体から解放する。長年、アロパシー的な治療を受けていた患者が代替治療であるホメオパシーに切り替えると、最初は繰り返し抑圧されてたき病気がひどくぶり返してくる可能性がある。長い間、閉じ込められてきた病気が解放されると、それが完全に外に出てしまうまで一次的に暴れ放題という状態になるのだ。ホメオパシーの研究はこれを裏づけているようだ。これは、奥深く掘り下げるに値する物の見方である。

＊

アロパシーの「体を機械のように扱う」アプローチは、私たちを価値ある発見に導いてくれたのも確かであるが、同時に、たくさんのいかがわしい、そして危険ともいえる間違った方向にも導いてきた。現在、私は長寿の研究に興味をそそられているが、生命を引き延ばすこの考え方は、ひどく狭くて一方的なものだと思う。

現在人気があるのは、人間の「絨毛性《じゅうもうせい》ゴナドトロピン」、またはHCGと呼ばれるものだ。HCGは成長ホルモンで、身体に注射されると老化の影響を逆転させる作用があると見られている。表面上、結果は見込みがあるように見えるが、他の角度から見ると危険信号が鳴り響いているようだ。HCGが人体にどのように作用しているかは神のみぞ知るということで、このようなことは不自然なことなのである。

HCG研究を例にとってみると、プロセスはこのような感じだ。私たちはラボでいくつかの検査をして、細胞レベルで老化の過程を科学的に逆転できることを発見した。私たちはこのような結果を「癒し」と呼び、老化が病気であるかのように治療やセラピーを発展させていく。それは、「人間」を化学プロセスにちょっと何かを加えた結果としかとらえていないので、そのプロセスを少し変えてみて永久に生きようではないか、という発想が生まれる。このような発想は愚かで、最終的には自分たちを貶めるものなのに、私たちはこの類いの研究に何百万ドルという金をつぎ込んでいる。化学の藁をもつかむ思いでいる私たちは、長期にわたるコストがどのようなものになるか考えてもいない。人間は老いていくという根本的な真理を見失ってしまっている。私たちはテクノロジーの特殊な潮流に身体を任せるのではなく、人間生理に則った機能の促進を考えるべきであろう。

遺伝子組み換え技術も、アロパシー的アプローチが方向を間違えている一つの例である。私は遺伝子組み換え技術を極めて恐ろしいと感じている。この研究の焦点は極端に表面的で、その予期しない結果も同じように極端なものになるのではないかと思う。トウモロコシがＤＮＡの組み換えをされ、ネズミに与えられ、もしネズミが死ななければそのプロセスはうまくいったという結論が出され、私たちはより簡単に生産ができ、害虫に抵抗力のあるトウモロコシを作りはじめることになる。現在、私たちは皆、遺伝子組み換えをされたトウモロコシを食べている。私たちは、この操作によって何が起こるのかまったく分かっていないし、長期的な支払いがどのくらいになるかも分かっていないのである。

科学は健康の一部分を扱うようにしかデザインされていない。目に見えて検査が可能で、繰り返せる部分を扱うのみである。実際、科学が扱えるのは、全体の一パーセントほどかもしれない。現実のもっと大きな部分は科学的なアプローチによって扱われていないし、また扱えないのだ。ホリスティックな視野をもって全体が考慮されなくてはいけない。それは単に身体と心のつながりではなく、多次元的、トランス・グレイディエントな存在全体を意味する。この存在は、何百万年もかかって進化した一つの偉大な統合なのである。

共時性をもって進化してきたもので、すべての存在の普遍的なワンネス（一つであるところのもの）を根源とする知性の創造である。

生命に対して遺伝子レベルでの介入をすると、私たちは物理的な存在の最も根本的な部分をもてあそんでいることになる。生物の根底である繊細な構造が、ほとんど気まぐれに傷つけられていくのである。

生物のＤＮＡの構造は、より繊細なエネルギー領域と超越領域との物理的なつながりである。このような構造をもてあそぶと、そのつながりも歪んでくる。私たちが食料のＤＮＡ構造を操作する時、私たちは、その歪みを身体の中のすべての細胞に食べさせているのである。ホリスティックな健康の面から見ると、遺伝子組み換えの技術では完全に無視されているＤＮＡのエネルギー領域の相互関係がある。予測可能な結果は大失敗なのだ。

この状態は第三世界の国に旅をした、あるアメリカ人の話を思い出させる。そこではみんなが病気になっていた。何が問題なのか見極めるために、数人のアメリカ人が台所を見に行った。台所はとくに問題がないように見えたが、どうやって皿を洗っているのか聞いてみた。すると、現地の人はアメリカ人をトイレに連れていき、トイレの便器の中の水で皿を洗っていたのだと答えたのだった。アメリカ人が「この水にはバイ菌がいるから汚いんだぞ」と怒鳴ると、「いいえ、違います。見てください。水はとてもきれいですよ」と現地の人は言ったのだ。私たちは、バイ菌とか病気の元になる原因について知識があるので、それを恐ろしいと思うのだ。私たちは自らの健康への危険性について認識できるように、自らを訓練してきているのである。

アロパシーの視野では見えぬところで、同じレベルの無知な行動が起きている。今から五十年もしたら、科学がＤＮＡをどうやって操作しようとしたか、そして、どうやってそれが受け入れられ、広い範囲で大量生産されていったかを見て、ぞっとするだろうと思う。この行為はトイレの中の水で皿を洗うように原始的であり、無知だからである。

ＤＮＡは何百年もの進化の結果である。私たちはＤＮＡの根底にある精妙なレベルを受け入れることができる自然なアプローチを使って、このシステムに逆らうのではなく、共に歩んでいくことができるはずである。存在の知性はＤＮＡを通して湧き上がってくる。ＤＮＡを操作すると、その知性の流れを堰止め、歪ませ、自分たちが理解できないところで体組織の全体をメチャクチャにしてしまうのだ。それは、生命エネルギーを無理に特定の型から出そうとしているようなものである。

アロパシーのアプローチは、私たちが使えるもう一つの道具である。その限界を理解していれば、不可欠であるが、結局は道具でしかない。私たちが知恵をもって、アロパシーをヒーリングの全体像の中で正しい位置に収めればいいのだ。アロパシー的なアプローチは、すべての他のヒーリングをその傘下に収める包括的な存在だったり、他を認定する基準を提供するわけでもないし、それができるわけでもない。そのような考えは不条理であろう。

第13章　アーユルヴェーダ

アーユルヴェーダと三つのグナ

すべての癒しの体系は、何らかの思想を前提にしているようだ。中国の漢方医学では、癒しと健康の基礎は陰陽道《おんみょうどう》にあり、五つの元素が身体の精妙なレベルにおいて機能しているととらえられている。それが土台となって、漢方はそこからいくつもの枝葉に分かれていく。アロパシー（逆症療法）的なモデルは基礎力学や生化学、そしてラボ分析が基礎となっている。アーユルヴェーダの場合は、三つのドーシャの体系が基礎となっている。

三つのドーシャの核心を追究していくと、針金細工とビッグバンの理論に行き着く。これは意識が自分自身を認識しはじめた時の視点に立つことである。この視点では、意識は「知るもの」である。意識が自分の存在を自覚すると、意識される対象は「知られるもの」になる。そして、このプロセスの三つ目の要素である「知る動き」をつくる。これら三つの要素、「知るもの」「知られるもの」、そして「知る動き」が三つのグナを形成し、三つのグナの相互関係から生まれる混乱や間違いが三つのドーシャである。これらのアンバランスが病気の原因となるのである。

アーユルヴェーダとは意識が自分を認識しはじめる時に生まれるアンバランスや混乱の研究である。しかし、アーユルヴェーダの医者が皆、そのような理解のもとに治療を施すわけではない。知識の精妙さは簡単に失われてしまう。アーユルヴェーダでは、病気の原因はプラギャ・パラダ（過去の過ち）だという。自己の相互作用の数学的な精密さを宇宙的な知性としてとらえている。それを自らのマインドのこととして考えられている西洋の知性とは、まったく異なったとらえ方だ。私たちは彼らのように知性が自然に存在する工学（メカニック）としてはとらえられていない。

アーユルヴェーダは驚くほど雑然としている。アーユルヴェーダの医者たちは、昔から薬草の処方箋を自分の家系だけに伝え、他の医者に盗まれないように守る伝統があった。知識はそれぞれの家族が独自の方法で発展させていく過程でどんどん分散して歪んでしまい、その結果、知識の真髄は年月とともに失わ

アーユルヴェーダにおける三つのドーシャ論

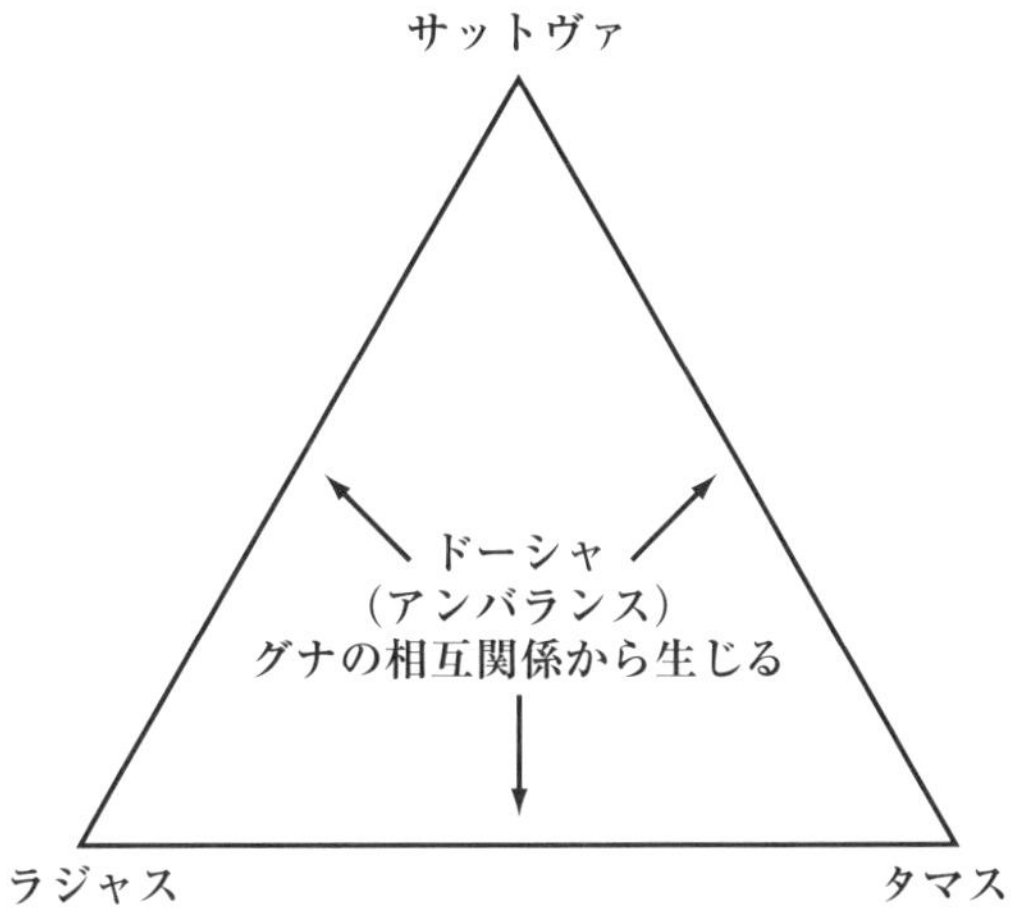

意識（存在する唯一のもの）は自分自身を意識するようになり、自分を他者として知覚する。ワンネスから二元性が生まれ、宇宙が生まれる。「知るもの」「知られるもの」「知る動き」がこの作用から生まれ、そこからさらに、三つのグナである「サットヴァ」「ラジャス」「タマス」が生じる。

れてしまった。それによって、アーユルヴェーダの分野は非常に混乱したものとなり、現在は、これを整理するために研究グループがいくつか形成され、大きなプロジェクトになっている。

脈をとる達人

私はインドにいる間、多くのアーユルヴェーダの医者に会う機会に恵まれた。最初に出会ったのはシャストリだった。彼は心拍の見立てを素晴らしい次元に引き上げた人物である。彼は人の脈をとることで、その人間についての過去、現在、未来のすべてを語ることができた。マンガを読むような感じで、彼はいともたやすく脈を読み、しかもムラなく、それも驚くほど正確に読めたのである。

シャストリは患者の脈を通して、その患者が挙げた名前の人物の正確なリーディングもできた。一度、シャストリのところに来て、アメリカにいる友人のリーディングを頼んだ患者がいたのを覚えている。シャストリは患者の脈をとりながら、リーディングを始めた。

「この人は心臓に疾患があると言われているけれど、実際は、言われたのとは違う問題があって、医者は誤診に気づきますよ」とシャストリは言い、本当の問題が何であるか説明した。その友人は適切な治療を施されて回復し、結果はまさに彼の言う通りであった。

彼は私たちのグループに脈の診断（直接と遠隔の両方）ができるように指導計画を立ててくれた。彼は脈の話をして、それから木星の話をし、次に数字の「五」について話すという感じだった。数霊術（西洋の占星術とはまったく異なったもの）とか、たくさんの秘儀的なテーマについてのとりとめない講義が続いた。

私たちには彼が何を言っているのかさっぱり分からなかった。

シャストリのまとまりのない話を聞いているうちに、不思議なことが起きた。自分たちの部屋に戻ると、頭の中にいろいろと閃きが起きるのだ。コンピューターが脳の中で作動を始めるようだった。シャストリの言葉は心理的な影響がとても強かった。非常に集中して勉強したあと、読み終えた書物から少し離れた時のような心理的なインパクトがあり、世界が変わって見えるのだった。

このような講義は何カ月も続いたが、おかしいのは私たちが脈診の技術をあまり練習しなかったことである。ほとんどの時間、私たちは彼の講義しか聞いていなかったにもかかわらず、いつの間にか脈診の能力を開発させることができたのである。それから私たちは遠隔で脈診を始め、その技術を磨き、すぐに的確にできるようになっていった。

シャストリはマインドの働きを、あの抽象的な針金細工のおもちゃの視点から見ていた。彼は自分の発する言葉を通して、人びとを条件づけている限界枠を取り除くことができるのだった。

私は現在、スクールで脈診を教えている。一回のセッション中に学生たちに、直接脈をとったり、遠隔で脈をとったりさせる。良い結果が出ないのは本当に限られた人だけだ、練習すればするほど上達できる。

シャストリは確かに聖人だったが、私たちの抱く優しい穏やかな聖人のイメージには当てはまらなかった。最初に彼が私たちに発した言葉は、「アメリカ人は好戦的だ」というものである。彼の態度は皮肉めいていて、喧嘩腰なことが多かった。しかし、一度、彼の瞳をのぞいた時に、その深さには果てがないように見えた。彼は無限であり、そこには確かに愛があった。

グプタと千歳の行者

グプタは私たちがよく訪ねる、もう一人のアーユルヴェーダの医者である。グプタは、ある時は人当たりがよくて情があり、心豊かな人物であったが、忙しくなると荒っぽくて厳しかった。グプタはどの瞬間もあるがままの人だった。

彼は脈診の珍しい技術を持っていた。グプタは部屋に患者が入って来ると、何が起きたか分かるような能力を育てたのだった。しかし、このような能力は患者を怖がらせてしまうので、大体の場合は患者を安心させるために脈をとるのだと言っていた。

グプタはインドの伝統的な考え方を踏襲していて、もし自分が治療に対する報酬を受け取ったら、患者のカルマも引き継いでしまうと信じていた。彼は自分が処方する薬草を売る薬局を持ち、無料で診断をして処方箋を出し、その薬草を売っていた。

現地の人たちの中には、グプタの薬草は強すぎると言って受け取らない者もいた。多くの人は、グプタの浄化の治療が行き過ぎだとか、早く効き過ぎると言うのである。アメリカでは早く治したいので強いものを求める傾向があるが、インドではゆっくりしたペースを好み、道から外れないようにコントロールする。

グプタにはいくつかの驚くような話があった。彼の謙虚さと穏やかな話しぶりを実際に見ていたら、この話はもっと真に迫ってきたことであろう。

グプタはある日、友人たちとヒマラヤでハイキングをしていたそうだ。台風が接近してきて、だんだん寒くなってきた。彼らは引き返そうとしたが、途中で道を間違えてしまったようだった。彼らは小さな洞穴を見つけて中を覗くと、小さな行者が座っていた。彼はみんなに中に入るよう声をかけてくれたので、グプタたちは感謝しつつ中に入った。彼らは、もう体が凍ってしまいそうだったので、小さな円になってくっついて座ったのである。行者は何かの根っこを出して、それをかじるように彼らに勧めてくれた。彼らはそれをもらって、かじりはじめるとすぐに体が温まってきた。単に温かくなっただけではなく、素晴らしい気持ちになった。薬が効いたというよりは、非常に健康になった気分で、疲れが取れて体中に深く強いエネルギーが漲ってきたのである。

不思議に思った彼らは、行者に根っこの正体を聞くと、彼はソーマだと教えてくれた。アーユルヴェーダの医者にとって、ソーマを発見するのはキリストの聖杯や若さの泉を発見するのに値することなのだ。インドの人は皆、ソーマのことは知っているが、それはすでに絶滅しているか、あるいは見つけるのは不可能とされていた。ソーマは古代の聖典ヴェーダの伝説では、神々のネクターだと語られている。

実際にソーマは、人が悟りをひらくと自然に分泌される化学物質でもある。人が瞑想すると、ソーマが微量に生じ、結果として、瞑想をたくさんする人はソーマを彷彿させる甘いものを好む。行者はグプタたちに、自分はソーマを食べて生きているのだと言っていた。

会話が続くなか、グプタは行者にどのくらいの年月、そこに住んでいるのか聞いてみた。すると、彼はそこに千年は暮らしていると答えた。彼らの驚きぶりを見た彼は、「そんなことは何でもないよ。隣りの谷の隅っこに住む私の師は、もうかれこれ五千年もそこにいるのだからね」と言ったのである。

数年後、グプタは行者を探しに戻ったが、洞穴はどこにも見つからなかった。グプタは、たぶん古い朝鮮人参のように、本人が見つけてほしいと思う時しか見つからないのかもしれないと思った。今でも、脈診をする時の彼の机には小さな瓶が置かれていて、その中にソーマが保管されている。

シャーマ先生の錬金術

シャーマ先生はかれこれ百歳にもなる素晴らしく優しいインド人だった。彼は錬金術の専門家だ。アーユルヴェーダの錬金術では主に水晶を扱う。水晶に熱を加え、その波動を私たちが摂取できるように錠剤にする。薬草は特定な波動を持つが、水晶も同じで、何千年もの時間をかけ、水晶の構造を通して特殊な波動が進化するのである。

錠剤の中で最も知られているのはバシュマスと呼ばれていて、腹痛からガンの治療まで幅広く使われているものだった。

ある女性が白血病に侵されていて、すでに危篤状態だった。シャーマは彼女にバシュマスを与えたが、数週間で彼女は回復したのだ。当然、西洋医学の医者たちは、最初の診断に用いられた病理サンプルがあるにもかかわらず、誤診だったと言い張った。

シャーマは水晶の錬金術を高度な専門レベルにまで引き上げた。古代のヴェーダのテキストには、純粋な形の水銀は毒ではないと書かれていて、水銀は磁石のようにエネルギー体の毒素を引きつけ、吸収すると説明されている。その結果、地球上のすべての水銀は毒素に満ちているのだ。シャーマは、水銀を浄化し、そして摂取できるようにするための錬金術的な手順が書かれた古代の書物を持っていた。それによると、純化した水銀が身体を通る時、身体にある毒素をすべて細胞から吸収して一緒に運んでいくという。この手順が長寿をもたらすということなのだ。

シャーマは、その製造方法を開発中だった。私は彼の研究室で彼と一緒に仕事をしていた人間と話をしたが、彼は水銀の精製過程を三十回近くも試みたそうだ。二十三、四回目の精製まで来ると、水銀は不安定になり、次の回には爆発してオーブンの戸がふっ飛ぶのだそうだ。それにシャーマがいない時は、化学物質がなかなかうまく混ざらないことがあり、これはシャーマの存在が影響しているという。シャーマの三十回の実験にもかかわらず、有効物質が抽出されず、水銀の錠剤はまだ完成されていない。

後日、中国の博物館を訪れた男性から、何千年も前の錠剤が陳列されているのを見たと聞いた。そのラベルには、「不死の薬・水銀の錠剤」と書かれてあったという。過去に成功したケースがあったということだろうか。

ルドラクシャビーズはシヴァ神の涙

アーユルヴェーダの伝統で、とても面白いのはルドラクシャビーズの伝統だ。今までさまざまな装飾品や装置を見てきたが、これほどインパクトのあるものを他に見たことがない。とくに、ビーズがたくさん付いているネックレスを首からかけると、パワフルで穏やかな瞑想をすることが可能になる。

ルドラクシャビーズは木の種である。伝説によると、世界創造の時、シヴァ神が地球を見下ろすと、人間たちが喧嘩したり文句を言ったりしているのが見えたので、シヴァ神は悲しんで涙を流したという。涙が地上に落ちると、そこにはルドラクシャの木々がすくすくと伸びていったのである。これらの種を身に着けると、体が種に反応して影響されるというのだ。健康が改善され、スタミナもつく。古代のヴェーダの書物によると、あらゆる罪も病気も身体から浄化されるということである。

こちらも良質のビーズを手に入れるのは困難だ。良質のものは重いので、水に入れると沈む。その中でも二種類あり、ビーズの表面がぶつぶつしたものと、すべすべしたものがある。私はすべすべしたビーズの方をお勧めする。

第14章　ハンズ・オン・ヒーリング

ハンズ・オン・ヒーリング（手技療法）を通して、身体の精妙なエネルギーに働きかけるのは、健康や癒しの促進、そして魂の進化を促す効果がある。このエネルギーに働きかける方法は、中国の伝統では、日常的に利用されてきたものである。中国でのアプローチには鍼灸、リフレクソロジー、漢方などがあり、これらは身体のエネルギーシステムに作用する。ハンズ・オン・ヒーリングの場合、肉体的な接触により、身体のエネルギーに働きかける。

現在、実践されているハンズ・オン・ヒーリングの大半は、ばかばかしいパフォーマンスでしかない。これはハンズ・オン・ヒーリングに対する社会的信頼を損なわせる大きな原因となっている。

ハンズ・オン・ヒーリングの中には、素晴らしく価値のあるものもあり、私の情熱は、ハンズ・オン・ヒーリングを理性的で専門的なアプローチとして実社会に引き戻すことにある。

ハンズ・オン・ヒーリングは簡単に習得でき、学ぶ理由は実に多い。他者を助けるというのもその一つだが、それだけではない。三十年間の経験から私が発見したのは、ハンズ・オン・ヒーリングのヒーラーになる気がまったくない人も、人間としての成長を促進するのにヒーリングを学ぶことは、とても有効な手段だということだ。生命の互いに精妙につながり合う関係を知ることによって、ヒーリングを学ぶ者は大きく飛躍していく。ヒーラーであるということは技術だけではないし、マニュアル通りのプロセスではない。ヒーリングは思い通りの結果を出すための、何か普遍的なテクニックを集めたものでもない。

ヒーラーは自分自身の存在を通して癒しをもたらすのだ。ヒーラーとして成長するには、ヒーラー自身の全存在をかけての成長が必要となる。この過程は人間的な成熟、繊細さ、知恵、そして知的な理解に関わり、すべてのレベルで生命とは何かという深い理解を必要とする。これは人間性を育てるのと、まったく同じ過程である。

＊

もう助からないと医者に言われた病人がハンズ・オン・ヒーリングのヒーラーによって回復すると、医者は最初の診断が誤診であったと言うのが常である。私の生徒のところに医者が治療を受けに来たことがあった。その医者はかなり重いガンにかかっていて、手術が予定されていた。私の生徒は、手術の前に何回かのヒーリングのセッションを行うことができた。そして、なんと手術の前の検査で、ガンが跡形もなくなっていることが分かったのである。この時は患者が医者だったこともあり、他の医者は、ただ「すごい！」と驚嘆するばかりであった。

もう一人の生徒は、喘息のために全然動きがとれない患者を何人か治療していた。定期的な治療を何カ月か続けるうちに、コルティゾンや吸入器への重い依存が軽減された。生徒たちは、麻痺や慢性の痛みの症状を取り除くヒーリングで、驚くべき成功率を報告している。他の生徒たちは糖尿病の患者へのヒーリングで、インシュリンの量を減らすことができ、アロパシー（逆症療法）の医者を驚かせている。私はこういった成果を聞いて、ある達成感を感じている。私の生徒たちは、私一人のヒーリングよりも、はるかに多くのヒーリングを人びとに施しているからである。

ハンズ・オン・ヒーリングの分野で、かなり奇異な変わった方法を使っている人たちでさえも、ヒーリングを通して何らかの成果を上げている。現在、世界中の大学の心理学科では、乳児は抱いたり、スキンシップがないと生きられないと教え、どのような学説を取り上げてもスキンシップの重要性はすでに証明されているのだ。人の接触は体の働きに影響を及ぼす。その根底にある原理が理解され、人びとに受け入れられ、開発された時、そしてヒーラー自身が自らの及ぼしている作用の性質について深く認識した時、ハンズ・オン・ヒーリングはいま以上に威力を発揮することになるはずである。

私が昔、ハンズ・オン・ヒーリングのヒーラーとして仕事を始めた時、ガンからクロン病まで、素晴らしい成果を出していた。仕事はとても忙しく、ある時点では二年先までびっしりとスケジュールが詰まっているという状態だった。その時、私は一人でこれだけの人間を癒すことができないことに気づいた。そこで、事典を作って、病気の症状とそれを治癒に導くハンズ・オン・ヒーリングの技術を紹介してみたらどうかと考えたこともあった。しかし、それではうまくいかないことに、すぐに気がついた。それは次の二つの理由からである。

一つは、たとえばリンパ肉腫のような病気をとってみても、多様なエネルギーのパターンが関わっている。人間の数だけ病気のパターンが異なるのだ。クッキーの型でくり抜いたような画一的なアプローチでは多様性に対応できない。ヒーラーがそれぞれのエネルギーのパターンを感じ取ることができなければ、テクニックもあまり効果がない。逆に、もしヒーラーが、そのエネルギーパターンを感じることができていれば、それをどう取り扱ったらいいかなどの解説はいらなくなるだろう。

ヒーリングはフィーリング（感受性）だ。効果的なヒーラーは五感のすべてを使うのである。感受性（feeling）と感覚（sensing）が最大限に達した時、ヒーラーはどのような病気にも対応できるはずである。どんなに素晴らしいテクニックを知っていても、限界がある。自分の両手で感じ取ることができるようになると、技術は無用となるのだ。使うべき技術は自然に見えるようになり、自分の感覚で進めるようになる。

ヒーリングは、今まで私たちが学んできたような直線的思考には馴染まないのである。型にはめようとすると、多くのものが失われてしまうのだ。

エネルギーのあり方や構造は、人それぞれに固有のものである。知られざる領域に入り、その中を航海することによって、患者に内在する自己修正機能に働きかけていく。その探検をすることで癒しが起こるのだ。限界のある現実に、その人のシステムを合わせていくことではない。そのようなアプローチは、生命の多次元的な、トランス・グレイディエントな本質に逆らうことになる。ヒーリングの技術は、身体のあり方を自然な状態に戻していくことを助けるためにある。

その技術はとても細やかで複雑でありながら、その根本はとても単純明解なのだ。それは簡単な比喩で表現できる。あなたは一日の多忙な仕事を終えて、家に帰りソファーに座る。あなたのパートナーが肩にぬくもりのある手を添えてくれる。その手は傷口に塗る軟膏のように優しく、自分が徐々に解きほぐされていくのが感じられる。そして緩んだところに自己修正機能が働きはじめるのだ。まさに、この単純なエネルギーの力学が、ハンズ・オン・ヒーリングの本質なのである。

パートナーの手が添えられている肩だけではなく、身体の緊張している箇所すべてに、その効力が行きわたるのだ。すべてが解きほぐされるハンズ・オン・ヒーリングは、手の感覚と一つになることなのである。

このような多面的な方法でヒーリングを行うのは一種の芸術であり、精妙で居心地のよい旅路のようなものである。この芸術を身につけるということは、生命とは何か、私たちのあるべき姿とは何か、といった固定観念から自分を解き放つことと関連している。この旅自体が、かけがえのない価値を持っているのである。

＊

ハンズ・オン・ヒーリングのヒーラーはチャクラに集中することが多い。チャクラというのは、心の働きが現われる体の一部分である。ハートが満たされた感じがする時は、私たちは、ハート・チャクラと呼ばれる大きなエネルギーセンターを、心臓のあたりに感じ取っている。お腹が落ち着かないと感じた時は、ベリー・チャクラで何かが起きている。身体とチャクラの関係は、そのように単純なものなのだ。

チャクラとエネルギーシステムに働きかける方法は、絡んだゴムをほぐすのと同じ原理である。その輪ゴムの張りと緊張を探り、それを解いて平らにしたいという衝動を追っていく。輪ゴムを無理に平らにしようとすると、緊張が増す。指先でゴムを調べていくと、そのうちに自然に解けてゆく。そのタッチによって自己修正が起こる。同じように、私たちが自己修正機能を促進させるために軽いタッチでチャクラの探検をすると、チャクラは自らを癒しはじめるのだ。

もしチャクラがほぐれないとすると、それはほぐれる必要がないということかもしれない。古いトラウマを守っているのに、無理やり治そうとすると、そのカサブタを剥がしてしまう危険もあるし、自然に治りかけているトラウマを傷つけてしまうかもしれない。特定のモデルに合わせようとすると、トラウマを重ねてしまう場合もある。現在のごく限られた視野で治療することで、見えないストレスを生んでしまうこともある。ある箇所に焦点を合わせてヒーリングし、現在の視野で判断する限り成功と思われる治癒ができたとする。ところが、その問題がまったく異なった箇所の、もっと深いレベルに持ち込まれてしまったことが、あとで判明することもある。

私たちは自己修正機能の邪魔をせずに、それを促進させる方法を学ばなくてはいけないのである。さまざまなヒーリングのモデルを駆使し、それらとの関係を養い磨くことが鍵となるのだ。モデルを使い、それらにとらわれないことを学ぶのだ。素早く取り入れるのと同様に、素早く手放す。そして全体のシステムや普遍的な原理をいつも考慮して、一カ所にとらわれることを避けなければならない。私たちのこの探検のプロセスでは、パラドックス（相矛盾するようなこと）を素直に受け止めることが不可欠なのである。

エネルギーワーク——色をつくる

エネルギー・ヒーリングの生徒たちは、異なるエネルギーをそれらの関連している色に基づいて流す技術について指導を受ける。彼らは赤、緑、金や青をいろいろな目的のためにつくることを学ぶ。エネルギーの色はエネルギーの周波数に対応していて、効用も色によって決まってくる。生徒が特定の色をつくることができるようになるために、いくつかの精巧な技術があるのだ。どの色が何の目的のために使われるか、チャートが暗記される。

実は、私はこのようなやり方には欠陥があると思っている。前にも述べたが、知的に理解することよりも、感じ取ることの方が先決である。私たちは感じることができ、その感じ方に色が関連しているのは重要なことではなく、いわば副産物のようなものである。それぞれの色と感情を関連させることはできるが、私たちは感情とともに生き、感情とともにコミュニケーションをするが、そのために適した色を選び、自分の感情に合わせたりはしない。感情の結果として色が生産されるのであって、色をつくるというのは逆で、それでは内在する感覚を使うのではなく、外からのモデルを無理に当てはめることになってしまう。

私たちは皆、ごく自然にそのとき必要な色のエネルギーをつくっている。親しい人間がひどく緊張しているのを見つけたら、その人の肩に手を置いたりして、その緊張をほぐしてあげたいと思うだろう。そのタッチによって伝えられるエネルギーの特定な性質（色）は、そのつど必要なものが的確に選ばれているのである。

私たちが患者の身体をトランス・グレイディエントに感じることができるようになった時、私たちはヒーリングの促進について学ぶことになる。そこに何があるのか、そして何が必要なのか感覚でとらえる。自分の感覚を通して自然にその場に行き、チャートではなく、その交わりを起点にエネルギーと色を供給することができるようになる。

しかし、チャートが無意味だということではない。どの色が、どのような効果と関連しているか書かれたチャートは、生徒の出発点である。ある程度、すでに知っていることを思い出させてくれるものでもある。色合いによってもずいぶん内容は異なってくるのだ。十月の青空の青と、ブルース音楽を歌いたい時の青がある。怒りの赤があれば、恥じらいの赤もある。その違いの感覚をつかむのが鍵であり、正しい色の選択を暗記することではない。生徒はなるべく早くチャートから離れた方がよいだろう。

エネルギーワーク——エネルギーの指をのばす

ヒーラーは「エネルギーの指をのばす」ことをする。実際、自分のエネルギーに焦点を合わせ、それを指先から流すことができるのだ。エネルギーと一緒に身体の中まで入るのだ。あるヒーリングの流派では、光の線がパターンをつくり、ヒーラーの身体に流れるという。生徒は地球の中心から光の線を紡ぎ出し、それを足、脊柱、そして心臓に持ってくる。そこから枝葉に分かれて、腕や手にも流すようにする。これができるようになると、その光の線をもう少し、先まで流す。こうしてエネルギーの指をのばすのだ。正しい距離と方向にのばすことを学ばなくてはならず、数センチ不足しても、一センチでも右か左に外れてはならないのである。

しかし、このようなことをする必要は一切ないと、私は言いたい。こういう方法だと、すべての回路とのつながりをうまく把握しないといけないし、間違うのが怖くて、ほとんど何も起きないのが普通である。エネルギーの指をのばすのは難しい、ヒーラーになるのは難しい、そして自分は未熟なのだと思いはじめてしまう。続けてこの技術を会得した生徒たちは、ハンズ・オン・ヒーリングはこのように修得すべきだと信じ込み、このような技術を修得できたのは自分が特別だからだと信じてしまう（そして人にも信じさせる）。このような技術も、すべてのハンズ・オン・ヒーリングの技術も、ＳＳＰ（サトル・センス〈精妙な感覚〉を認識する力）も学ぶのは簡単なのだ。

まず何かを本気になって指差してみよう。このように教えられると、私の生徒たちは全員が、ただちに努力もせずに、完璧に、そして的確にエネルギーの指がのばせるようになる。

なぜ人に指をさしてはいけないか、不思議に思ったことはないだろうか。誰かに指をさすと私たちは自らのエネルギーで突いていることになるからなのだ。

私がこのような例を引くのは、ハンズ・オン・ヒーリングの分野がもっと自然に教えられるべきだと思うからだ。効果的な教え方は、最初に経験をして、それから、それに名前をつけていくというやり方である。すべての人間はエネルギーを使う。ヒーラーが使うような多様なエネルギーの力学は、実はすべての人も同じように利用しているのだ。意識してエネルギーの力学に馴染んで、それを生かすことを私は教えている。結果は、エネルギーに簡単にアクセスできて、それを活用できる能力の開花なのである。

ジムが初めてヒーリングに来た時、私はたちまち心配になった。一目で彼の身体の右側全体が暗くなっているのが分かった。右脳は空っぽに見え、この患者の右脳の全部を再生・再構築しなくてはいけないと私は

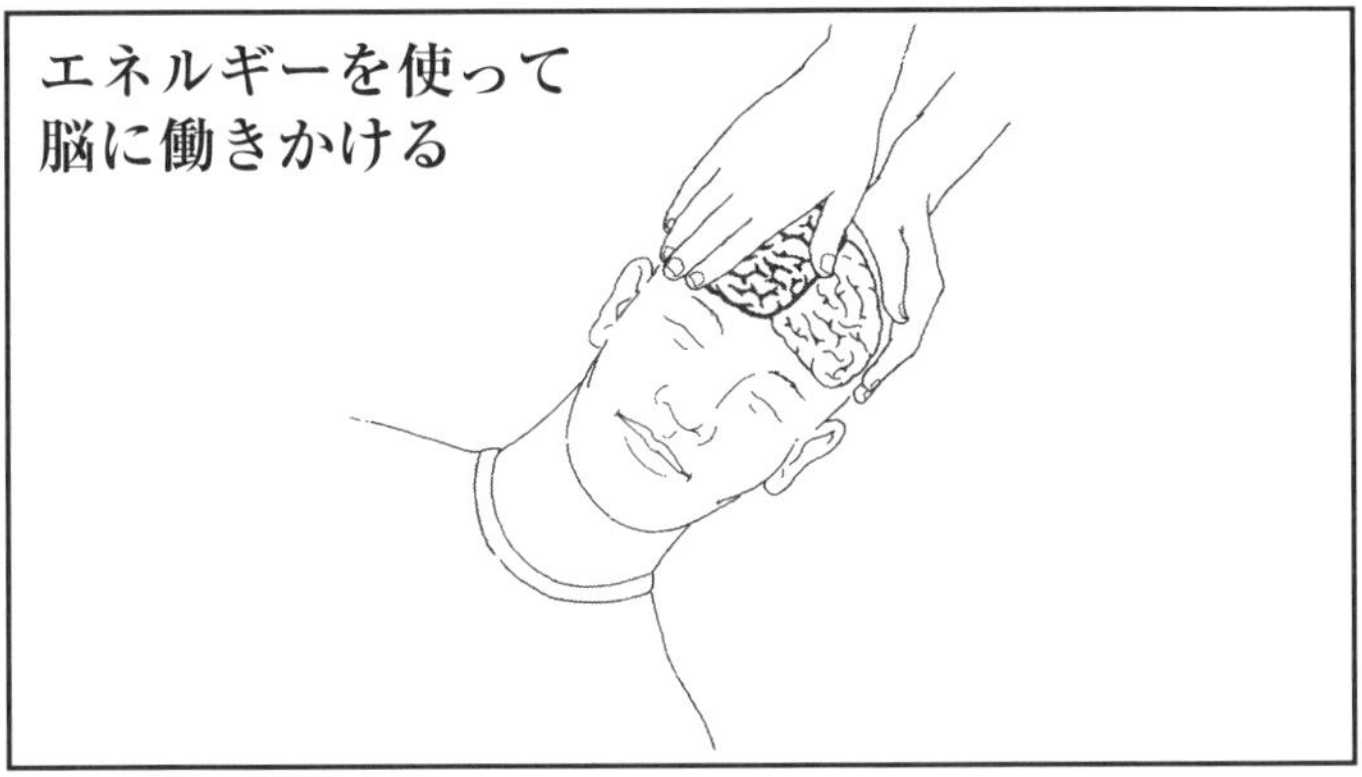

ジムとのセッション中、彼の脳の右側がコンセントを抜いたような状態であるのを発見した。それをつなぎ直すことができた。結果は30年来の痛みが消えたということだ。

思った。少し詳しいことを聞かせてほしいと尋ねると、ジムは三十年前の交通事故以来、慢性の痛みがあると言った。

ジムがヒーリングテーブルに横たわると、すぐ私は彼の頭に近寄った。私は片手を彼の頭の右側につけ、右脳が感じ取れるまで探った。右脳を感じることはできたが、まるでエネルギーが通っていない空っぽのマトリックスのようだ。私が手を当てたまま、ジムの脳とのつながりを保っていると、自然とある方向にシフトしたいという印象を受けた。私はその方向への動きを優しく促すようにして、頭を持ち続けた。すると正しい位置にぴたっと戻るような感じがした。急に右脳の光がついて、身体の右半身がそれを追うようなことになった。ヒーリングは全体的には徐々に起きるプロセスだが、この場合、すべてが動き出す用意ができており、大きなシフトが素早く達成されたのである。ヒーリングが終わった後、ジムは痛みがまったく無くなっていると私に報告した。彼は驚き、そして有頂天だった。ジムとは何カ月か連絡をとり合ったが、私の知る限り痛みは戻っていない。

スーザンは、生涯ずっと抱えてきた消化器官の問題の解決を求めに私を訪ねて来た。彼女の体は痩せこけ、すぐに折れてしまいそうで、エネルギー体は全体的に弱り、とくにウエストから下がエネルギー不足に見えた。彼女は長年の間、医者を訪ねては、いろいろな治療法を試してきたが、今までに効いたものがなかった。

スーザンの太陽神経叢のエネルギーがひどくねじれ、詰まっているのが私にはすぐ見えた。彼女がヒーリングテーブルに横たわると、私はすぐ足の方に行き調べたが、足のエネルギーの流れがほとんど滞っていた。

太陽神経叢のエネルギーワーク

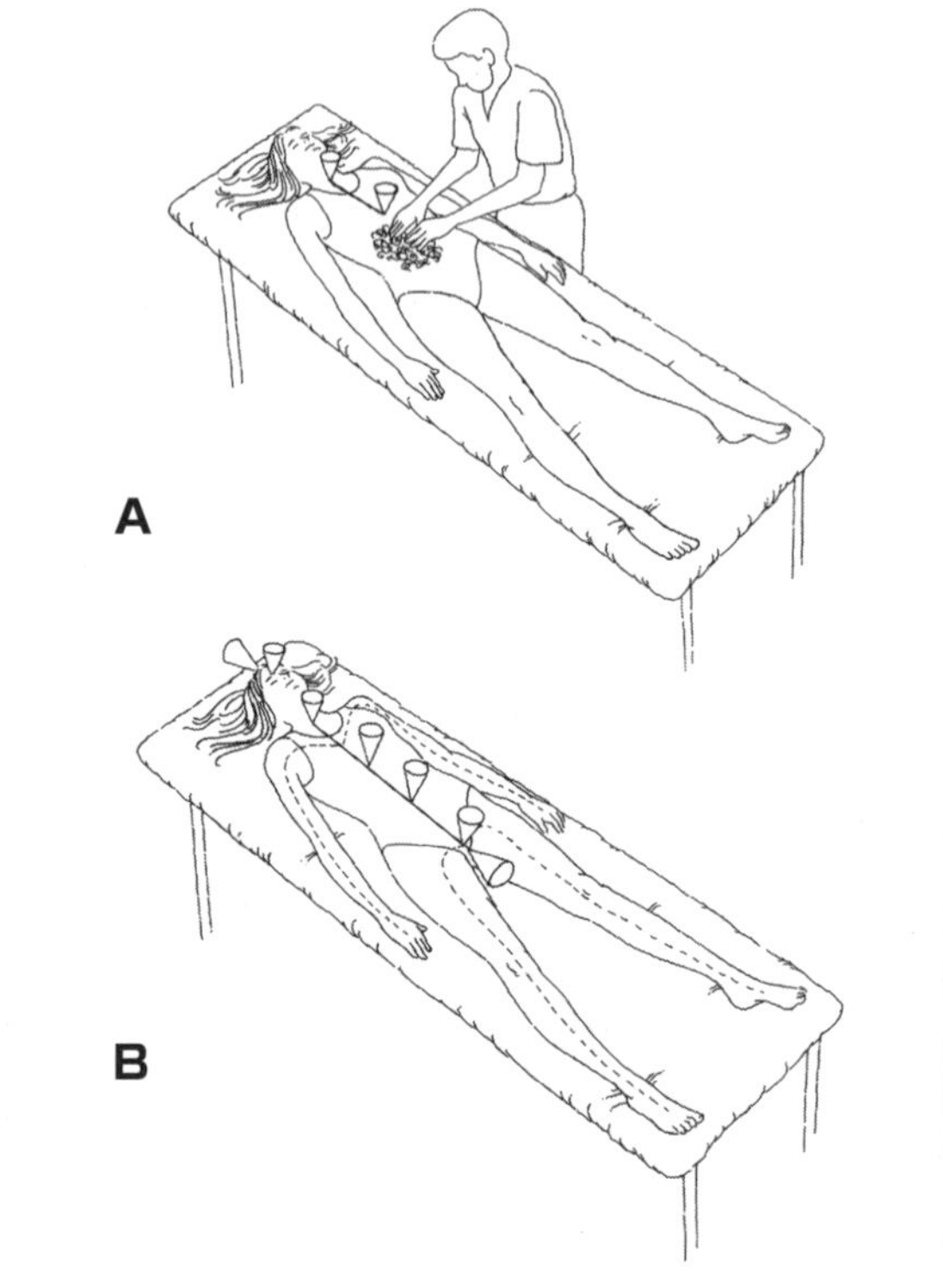

スーザンの慢性的な消化器の問題は、太陽神経叢に流れるエネルギー経路を解きほぐすことにより改善された。彼女のエネルギー系はAからBの図のように変化した。

両足も下腹も同じ状態だった。私は急いで彼女の太陽神経叢に行き、最初に気づいた、ねじれやもつれの固まりを探索しはじめた。この時点での探検は、毛糸の玉やガムのついた子供のネックレスの絡みをほぐすような作業である。私はこの状態をいろいろな角度からアクセスしてみた。その結果、ある角度から、このもつれの固まりが少しほどけてきた。

私が探検を続けていくうちに固まりは緩くなり、からみが取れてきた。最終的に全体のエネルギーがほどけはじめ、おのずと平らになっていった。まずは下腹、そして両方の腿、そして最後に足。それから、彼女の足や低いチャクラにエネルギーが感じられるようになった。その後の何回かのセッションで、彼女の身体全体のエネルギーが強く健康になり、消化器官もずっと改善された。彼女のエネルギーが再生されていくにつれて、彼女はもっと健康になっていく。

もつれの固まりがほぐれた時点で、私はスーザンにヒーリングの補助のために漢方を試してみるよう勧めた。彼女は過去の経験から、漢方はあまり効果的ではなかったと私に話してくれた。私たちのセッション以前の段階では、彼女の器官の状態が悪かったために漢方薬を消化できなかったのだと私は説明した。もうその問題はないはずだった。

知ること、そして知らないということ

以上の話を紹介してきたのは、ハンズ・オン・ヒーリングについての重要なポイントを理解してもらうためである。まず、最初のポイントは、患者に何が起きているのか、私たちにはあらかじめ確信をもって正確に知ることはできないということだ。同時に、患者のエネルギー系の治癒を促進するために何をなすべきか、正確には分からない。つまり、すべてのヒーリングセッションは発見への旅路なのである。エネルギー系は私たちが感覚を頼りに探っていくうちに修正されていくものなのだ。何がその患者に起きているのか、どのヒーリング療法の流派の理解もはるかに超えたところにあるのだ。人間のエネルギー系を説明するヒーリン

グモデルは、単なる一般的な基準でしかない。すべての場合をとっても、ヒーラーは単に患者の自己修正機能に手を貸しているにすぎないのである。

二番目のポイントは、一見、最初のポイントと矛盾するように聞こえるかもしれないが、有能なハンズ・オン・ヒーリングのヒーラーになるためには、自分が何をしているのか、患者のチャクラやフィールド、そしてトランス・グレイディエントな生体に何が起きているのかを見て取ることができなくてはならない。

前述のジムやスーザンの状況において、ヒーラーは何年もの間、エネルギーを身体に流したり、祈りを捧げたりしても、あまり効果が得られなかったかもしれない。エネルギーの力学では、患者に直接アクセスした方が、より効果的に働く。そして直接的なアクセスは、自分の手で見たり感じたりする能力が要求される。時によって、他のヒーリングの方法を採ってみても、ヒーラーが感じることは似たようなものかもしれないし、これは助けになる。また別な時には、未知の新しい「現実」が現われ、それが患者にアクセスするのに最も役立つ場合となるかもしれない。

パラドックスは明確だ。私たちは何が起きているか知らなくてはいけないし、同時に、何が起きているのか私たちは本当に知ることができないのである。私たちはこの二つの狭間でうまく機能していくことを学ばなければならず、「知る」と「知らない」の間を歩んでいかねばならない。私たちは研ぎ澄まされた感覚を使って道を探していくしかないのである。

第15章　感覚で矛盾を突破する

何年か前、サリーは徐々に悪化する頭痛を心配して私を訪ねて来た。彼女は才気溢れる実業家だった。彼女の事業は地方で成功していて、次には全国的な規模に発展させたいと願っていたが、それがなかなか思うよういかなかったのだ。それがなぜなのか理由が分からず、彼女は苛立っていた。

サリーはヒーリングルームに入って来た瞬間から、その空間をエグゼクティブ特有のパワフルな存在感で一杯に満たしたのだった。同時に、愛情深く傷つきやすい、感受性の強い人間が、そのパワフルな存在感の中に浮いてしまっているのも、私には感じ取れた。

セッションが進んでいくうちに、サリーがいつも素敵な服を着こなし、予約の時間に遅れたことがないことに私は気づいた。彼女は自信家で博学だという印象を与えていたので、彼女がビジネスと財政学の修士号を両方持っていると聞いても、私は驚かなかった。彼女は慎重に会社を動かしてきたが、業績には満足がいかなかった。このジレンマを解消するために、彼女はいくつかのマネージメントのトレーニングセミナーに参加し、たくさんの著名な文献に没頭した。獲得した知識を駆使して、サリーは経営や雇用管理の理論についての専門家になっていった。そして会社の利益も上がったのだが、彼女はそれでも満足でなかった。

あるセッションで、私は彼女に彼女の人生について語ってほしいと言った。彼女が話をまとめながら私に語っていくうちに、私はサリーを知ることができたのだ。サリーの両親は二人とも成功した実業家だった。両親は、サリーと彼女の兄弟に社会的に成功することを期待していた。彼女の家族の厳格な性格と完璧主義を、私はサリーからはっきりと見て取ることができた。大学での専攻は心理学だった。彼女は個人レベルのプロセスワークに馴染んでいたし、専門的知識も理解していた。セッションのたびに私は、彼女の人生で何が起きているか、彼女の分析を聞いてから、ハンズ・オン・ヒーリングを行った。サリーはそれが終わる頃には「ずっと気分がよくなったわ」と言って帰って行った。

ある時、サリーは経営用語で自分の感情を説明していることに気づいた。彼女は、自分の仕事を運営するように自分の感情をコントロールしていると気がついたのだ。彼女は黙ってしまった。長く感じられた一分の間に、彼女は泣きはじめてしまった。

サリーが泣いたのは自分自身について新しい発見をしたからではなく、言葉で説明できない新しい自分を経験したからであった。彼女はトランス・グレイディエントに動いたのだ。彼女がもうすでに知っている事柄と、彼女との関係が変化したのだ。もし、私がサリーのその部分を伝えようとしたならば、「もう、それは知っているわ」と思ったはずである。

何カ月か私と一緒にワークしている間に何が自分の身に起きたのか、本当は分かっていなかったのだと私は思った。彼女が知っていたのは、自分の気持ちが改善され、頭痛がなくなり、リラックスできるようになったということだろう。彼女は、やはりまだパワフルなエグゼクティブの雰囲気を持っていて自信家だったが、彼女自身、自分が誰であるかについてはもう曖昧ではなくなったのである。

サリーはもう何も新しいことを学ぶ必要はなく、自分や自分の人生を変える必要もなかった。ただ、自分自身に身を任せてしまえばよかったのだ。トランス・グレイディエント・ヒーリングは、リンゴをオレンジに変える術ではない。人間の真の変容とは、人格を変えるということでも、考えや行動を変えることでもないのである。

互いに単純な存在であると考えるのを、もうやめなくてはいけないのだ。私たちは皆、深淵な存在なのだ。私たちは、どういう状態に自分を置けば良くなるのかということが、よく分かっていない。そのための鍵は、まず落ち着けるところに行って、そこで身を休めることだ。それはいろいろな「場所」の狭間にあり、これがすべてをつなげるトランス・グレイディエントな接着剤なのである。何か大きな修復が必要に見えても、本当のヒーリングは微妙なシフトで十分だったりする。最初、大きな変化に見えたものも、実は微妙な変化だったりするのである。

トランス・グレイディエントに動く

ティムは腰痛の治療のため、私のところに来た。彼は高校の科学教師で、バンドにも入っていてベースを弾いていた。彼はとても才能があり、魅力的で、いつもにこにこしていて教えることに情熱的だった。

腰痛が始まった頃、彼はまず、かかりつけの医者に行った。医者は痛みの原因を突きとめることができず、筋肉弛緩薬を処方して、彼に背中の筋肉を緩めたり強化するエクササイズをいくつか教えたのだ。これも少しの間は効いたが、痛みが再発し、何回か繰り返されたので、ティムは違う方法を探すことにしたのだった。

彼はカイロプラクティックに行き、脊椎を元の位置に戻してもらうと、痛みはすぐ楽になった。カイロプラクターは数日間続けて診察し、フォローアップをして、その後は一週間おきの治療を組んだ。だが、治療後、一両日の間は痛みが和らぐのだが、その後は、また再発する。

これが数カ月続いて、ティムは他の方策を探しはじめた。クリスマスに、彼の義理の姉がマッサージ券をプレゼントしてくれた。そのセラピストは彼の腰の硬くなっている筋肉をほぐしてくれ、とても気持ちがよく、彼は定期的に通うようになった。しかし、数カ月すると、一時的によくなっただけだったことに気づいた。

次にティムは鍼灸を試してみた。それも根本的な解決にならないと分かると、エネルギー・ヒーリングを試した。彼は何人ものエネルギー・ヒーラーのところに行った。一人は、両手を彼の体から離れた上の方に置いてエネルギーを送った。もう一人は、オーラフィールドを浄化して、第二チャクラの裏を開けて、「脊柱の掃除」をした。ティムには目新しかったものの、他の療法と結果は変わらなかった。私のところに来た頃、ティムはいい加減フラストレーションがたまっていた。彼はもうやれるだけのことはすべて試してみたと感じていて、腰痛はもう老化のせいではないかと思いはじめていた。彼を診た専門家や代替治療家が問題を解決できなかったので、もう自分の状態を受け入れて、うまくやっていくしかないのではと思いはじめていたのだ。

ティムがヒーリングルームに入って来た瞬間、私はどこから手をつけたらいいか、すぐに分かった。彼の骨盤のあたりは、とても硬く張っていた。骨盤の下がお腹の方向に引っ張られているような感じで前方に向いていた。私は自分の体で彼の状態がどんなものか探ってみた。両手を彼の体に乗せると、骨盤の前の筋肉が鉄のように硬く緊縮していて、腰をひねっているのが分かった。

私は一時間かけて、腹の前方の筋肉を深いマッサージでほぐしていった。治療が終わる頃には、彼はもう痛みを感じないでヒーリングテーブルから降りることができるようになっていた。私は彼のストレスがたまるたびに、その腰の部分が弱点となっていると推測した。私は彼に、その筋肉の治療を受けることを勧め、彼はその治療を受け、そして腰痛はもう戻ってこなかった。

ティムが試してみたそれぞれの療法は、一定の視野から彼を見ていた。医者は薬を処方し、カイロプラクターは骨を調整し、マッサージ師は痛む腰の筋肉を治療し、鍼灸師は経絡に沿って障害物を取り除き、ヒーラーはエネルギーフィールドを調整したのだ。それぞれ自分の専門の技術に秀でていたため、かえって腰痛の背後にある原因を完全に見過ごしていたのだ。ティムが必要だったのは、誰かそこにあるものを感じ取れる人間だった。

ここでもう一つ取り上げておきたいことがある。治してくれる療法師をティムが探している時、彼に、何か学ぶことがあるので痛みが生じているのだと誰かが指摘したという。そして、もし、その学ぶべきことを学ばないと、ヒーリングは起きないし、起きたとしてもまた再発するだろうと言ったそうだ。ティムが私のところに来た時、まだその学ぶべきことが分からなかったために、ヒーリングを受けることに躊躇していたのである。

私は、そのような考え方はとくに危険だと思う。どこか真実はあるのかもしれないが、すべてを理解するには単純すぎる。「学ぶべきレッスン」もトランス・グレイディエントに学ぶと、意味がまた違ってくる。レッスンは知的な理解である必要はない。細胞レベルやエネルギーレベルでもレッスンは学べるのである。

何か学ぶことがあるので痛みが生じているという見方に従うのは不必要だし、それが毒素や無駄な苦しみの原因にもなり得る。ティムはその必要なレッスンを受けるために、ヒーリングを受けなかったかもしれない。あるいは、ティムが学んだものは、腰が治るにはレッスンなど学ばなくていいという教えだったのかもしれない。パラドックスとはおかしなものなのだ。

魂とは何か？

次のエクササイズをやってみよう。

・目を閉じて自分の体を感じてみます。自分の筋肉や骨に注意を向けてみましょう。次に自分の呼吸、そして心拍を観察していきます。

・自分の想念に注意を向けてみてください。一分か二分、気の向くままにしていましょう。

・自分のハートを感じてみます。どんな気持ちがしますか。落ち着いていますか。イライラしていますか。幸せですか。ただ感じるままに、それを受け入れてみましょう。

・自分の全存在を、より深く感じ取るようにしてみます。何か感情が湧き上がってくるでしょうか。それは、落ち着いたところから上がってくるように感じるかもしれません。

・それから、もっと深く自分の魂の中まで感じられるでしょうか。想念や感情が邪魔をしなければ、何か暖かい落ち着いた感覚が自分の中につかめるかもしれません。

・それから一分間かけて、この本に戻ってください。

このエクササイズを通して、あなたはトランス・グレイディエントに自分の中に入って行ったのである。自分の中から湧き上がってくるトランス・グレイディエントは、ロウソクの炎にたとえられる。光源をつかむわけにはいかないが、炎に手を近づけていくと、その温かさが徐々に増していくのを感じることができる。同じように、私たちが超越していく方向へ、徐々にトランス・グレイディエントに近づいていけば、その輝きはもっと温かくなる。その温かい光が魂なのである。

ロウソクの炎が輝きの基礎であるように、トランス・グレイディエントは魂の土台である。神学的な見地からいうと、魂を感じる時には神の光、または自分の中のワンネス（一つであるところのもの）を感じていることになるのだ。

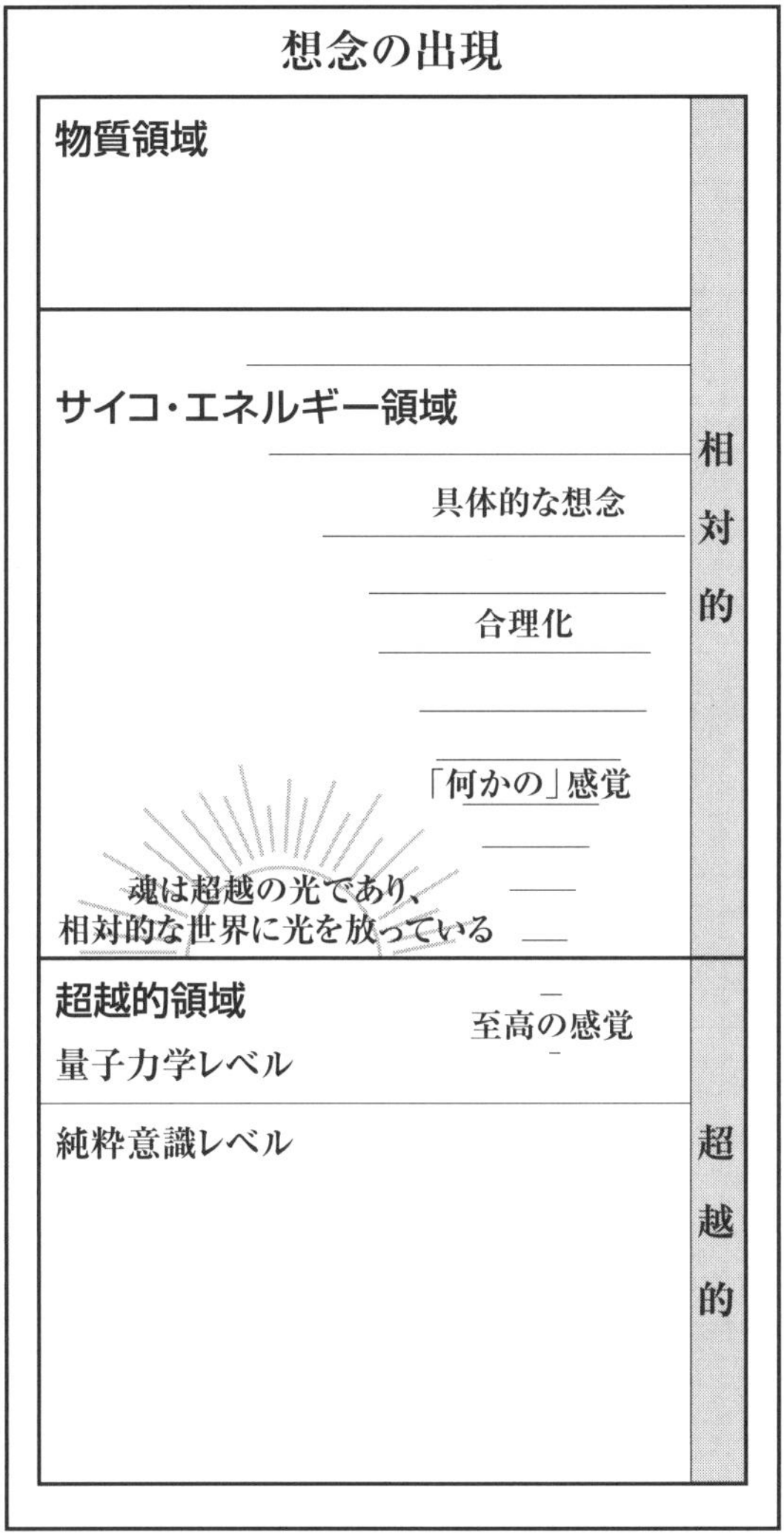

想念の源

想念は私たちのマインドの表面にあり、感情はもっと深いところにある。理性はこの二つをつないでいるのだ。確信を持って何かを感じられる時、それは想念として私たちの中から湧き上ってくる。

ある時、私はお気に入りの絵画のために額縁を探していた。私は、装飾額縁では最高のものを取り揃えていると評判の店に行ってみた。そこの店員は皆、地元の大学で絵画を専攻していたり、プロの絵描きである。私は気に入った額縁を見つけると、絵を持ち上げて、カウンターの後ろにいる女性に、どう考えるか聞いてみた。すると彼女は「考えないようにしています」と答えた。なんと素晴らしい答えだろう。考えるのをやめるという素晴らしい決意だ。そう、どう感じるかが問題なのだ。

私たちはモデルや信念に頼りすぎている。そして一生を通じて思考をしつづける。それが問題を引き起こすのだ。気持ちは想念より深いところにある。考えることを捨てるべきだということではない。統一された想念の源が、気持ち、フィーリングであるということなのだ。私たちの気持ちが想念へと導いているのである。

一つの現実のモデルに執着すると、それは自分の魂の知恵を感じ取る能力の邪魔になるのである。

第V部

生き方を感じることを学ぶ

自分の目で見て、自分の心で感じる人は少ない。

――アルバート・アインシュタイン

第16章　チャクラやオーラを見る

私たちは皆、異なった人生を経験している。これは私たちの存在が一人ひとり異なったものであるということではない。存在の本質は変わらないが、多様な異なった現実として人生が経験され、それぞれの現実には独自の機能、価値観、展望、長所や限界があるということなのだ。

私たちはサトル・センス（精妙な感覚）で、チャクラ、オーラ、天使やアストラル界のさまざまなものを見ることができる。その可能性と意味を理解するためには、私たちが生まれながらにして持っているサトル・センスがどう機能するか、もう少し知る必要があるのだ。

私たちは、すでにエネルギーを感じ取ることができる。知らないうちにその能力を毎日使っているのだ。私は何年も前に、庭と台所の間がガラスの引き戸で隔てられていた家に住んでいたことがあって、庭には飼い犬のバイオレットがいた。ある夜、私が夕飯を食べようとテーブルに着くと、ガラス越しにバイオレットの視線が感じられた。私は犬に餌をあげるのを忘れていたのだ。最初は自分の食事をすませてから、バイオレットに餌をあげようと思ったが、バイオレットはそれでは納得しなかった。彼女は私の視線をとらえ、表情で訴えかけてきた。私は椅子の位置を変えて背を向けたが、まだ彼女の視線が私を引っ張っているのが感じられた。私はしまいには食事をあきらめて、餌を先にあげるはめになってしまった。新しい言葉を使うと、バイオレットは「エネルギーのストリーマー（細長い流れ）を出していた」といえる。このように私たちは皆、エネルギーを感じ取ることができるのである。

混み合っているエレベーターに乗った時、互いに接触しないように腕や肩を引っ込めようとする行動に注目してみよう。あまり他人に接近しすぎると、自分自身もどこか居心地が悪いことに気づく。エネルギー用語で説明すると、私たちは他人のオーラと自分のオーラが混ざり合わないように自分のオーラフィールドを引っ込めているのである。これは何も目新しい感覚ではない。普段気づかないで私たちが日常的に経験していることを、聞き慣れない用語を使って説明しただけである。

教会に入った時、一種独特の雰囲気が感じられる。高級なホテルのバーは違った雰囲気を感じさせる。ニューヨークの街で、ドアの開いている賑やかなカフェの前を通ると、また別な雰囲気がある。――今、このように挙げていくと、どこでもすぐ何かの違いが感じられるだろう。美容院を思い浮かべてみよう。そしてデパート、ファーストフードの店……。この感覚は「場所のエネルギーを感じる」というものである。聞き慣れない表現を使ったが、これは極めて日常的な経験である。これを一度、探究しはじめると、その感覚はすぐ上達するはずである。

これをサトル・センスを認識する力〈ＳＳＰ＝Subtle Sense Perception〈ものを感じ取る精妙な感覚を認識する力〉〉と命名し、それを追究して慣れ親しみはじめると、私たちは、この生まれつきの能力を向上させていくことができる。アイザック・ニュートンが重力に名前を与えた時、それは新たに私たちの意識に入ってきた。重力は定義され、命名される以前から当然、存在していたし、物体が下ではなく「上」へ落ちれば、確かに人びとは驚くだろう。しかし、その当たり前のものが定義されることによって、新しい命が吹き込まれるのだ。

ＳＳＰ〈サトル・センス〈精妙な感覚〉を認識する力〉も同じである。エネルギーに名前を与えたので、その行為によって、私たちが取り組んでいける新しい視野が開かれたのだ。こうして意識的にその生得的な能力を開発することによって、私たちはそれを使い、より多くのことができるのである。

人類はサトル・センスの開発についてはまだ思春期の段階にいるようなものである。私たちは何か新しい才能を発見すると、それにこだわってやり過ぎてしまう傾向がある。それは化学の実験キットを手に入れた中学生が爆薬作りに凝るのと同じようなものである。

私たちの何人かがＳＳＰに浮かれて頭がおかしくなっていくと、あとの大勢がそれに気づいてその愚かさを批判し、今度は逆に否定的になって、サトル・センスもすべて否定するようになってしまう。どちらの側に立っても、バランスを失っていると言わざるを得ないであろう。

したがって、いま私たちは、この新しい神秘的なエネルギーを感じ取るサトル・センスについて、今まで無意識のうちに行っていたさまざまなことを整理し、その価値を理解して、それを最良の形で使えるようにしなければならないのである。そして、それを自分の理性をも含んだ私たちの存在全体と、うまく統合させることを学ぶのだ。

経験を味わう

私の講義に出席している女性が、ニューエイジのヒーリングのことや書物に出ているオーラフィールドやチャクラの絵について私に質問した。

「本当に、こんなものが見えるのですか?」と、この女性が聞いた。私はちょっと気の毒に思いつつ、彼女に立ち上がって両手を天に向けて開くように促した。彼女がその姿勢になると、自分のオーラがどんな感じか聞いてみた。

「それは広がっている感じですか、それとも狭い感じですか？」

「広がっている感じです」

「明るいですか、それとも暗いですか？」

「明るいです」

「色で表現するなら何色でしょうか」

「そうですねえ。金色です」

「それは体からどのぐらい上の方ですか？」

「数メートル上です」と彼女は答えた。

「はい、いいですよ。あなたは今、霊能力者がいろいろな名前で呼んできた現象を見事に描写しましたね。ジャック・シュワーツ氏の七番目のオーラフィールドも、それですよ。そうやって本は書かれてきたのです。同じようにして、すべてのチャクラやエネルギーレベルを感じることができます」と私は言った。

「さあ、次はこれをやってみてください」と私は言った。

「自分がスポーツクラブで重量挙げをしているところか、庭で薪《まき》割りをしているところを思い描いてください。自分の体がどんなふうに感じられるか想像してみてください。血行がよくなり、筋肉が働き、エネルギーが流れています。それが感じられたら、オーラフィールドの第一レベルを感じているのです。誰にでもそれは感じることができます。

それから、ハートの部分を感じてみましょう。愛で一杯に満たされるのがどういうものか思い出せますか。心が引き裂かれた時はどんな感じでしたか。そこが、誰かがハート・チャクラと名づけたところです。誰にでもそれは感じられます」

私たちがすべてのチャクラとエネルギーレベルをこのようにして確認していくと、誰でもそれは今まで経験してきたことだということに気づくだろう。それに気づけば、新しい世界がどんどん開けてくる。

少し時間をとって、経験したことを絵に描いてみると、もうすでにチャクラもオーラも感じ取っていることに気づくはずだ。すべてのチャクラとエネルギーレベルをそうやって感じ取ることができる。

先ほどの女性は理解してくれたようだ。オーラの絵の問題点は、描写が多すぎると自分の経験から遊離してしまうことだ。第7章の「いちごの味」で探究したように、食べたことのないいちごの味を想像していると、本物を食べた時に、それはいちごではないという結論を出してしまうかもしれない。同様に、印刷されているオーラフィールドやチャクラの絵を見てしまうと、自分は本物を見たことがないと思ってしまうのかもしれないのだ。

これは残念なことだ。時間をとってガイダンスを少し受ければ、自分の気持ちを描き表わすことも可能だ。そうやって描いてみれば、自分の絵がそれらのチャクラの本のイラストによく似ていることを発見するだろう。

エネルギー系を感じ取るのは、すでに自分が感じてきたことに注意を向けることから始まる。私たちは、その経験を味わい、そしてそこから外側に向かっていく。私たちの経験が中心であり、個人的な経験が人生の生き方を学ぶ最良の出発点なのである。

オーラフィールドの見方

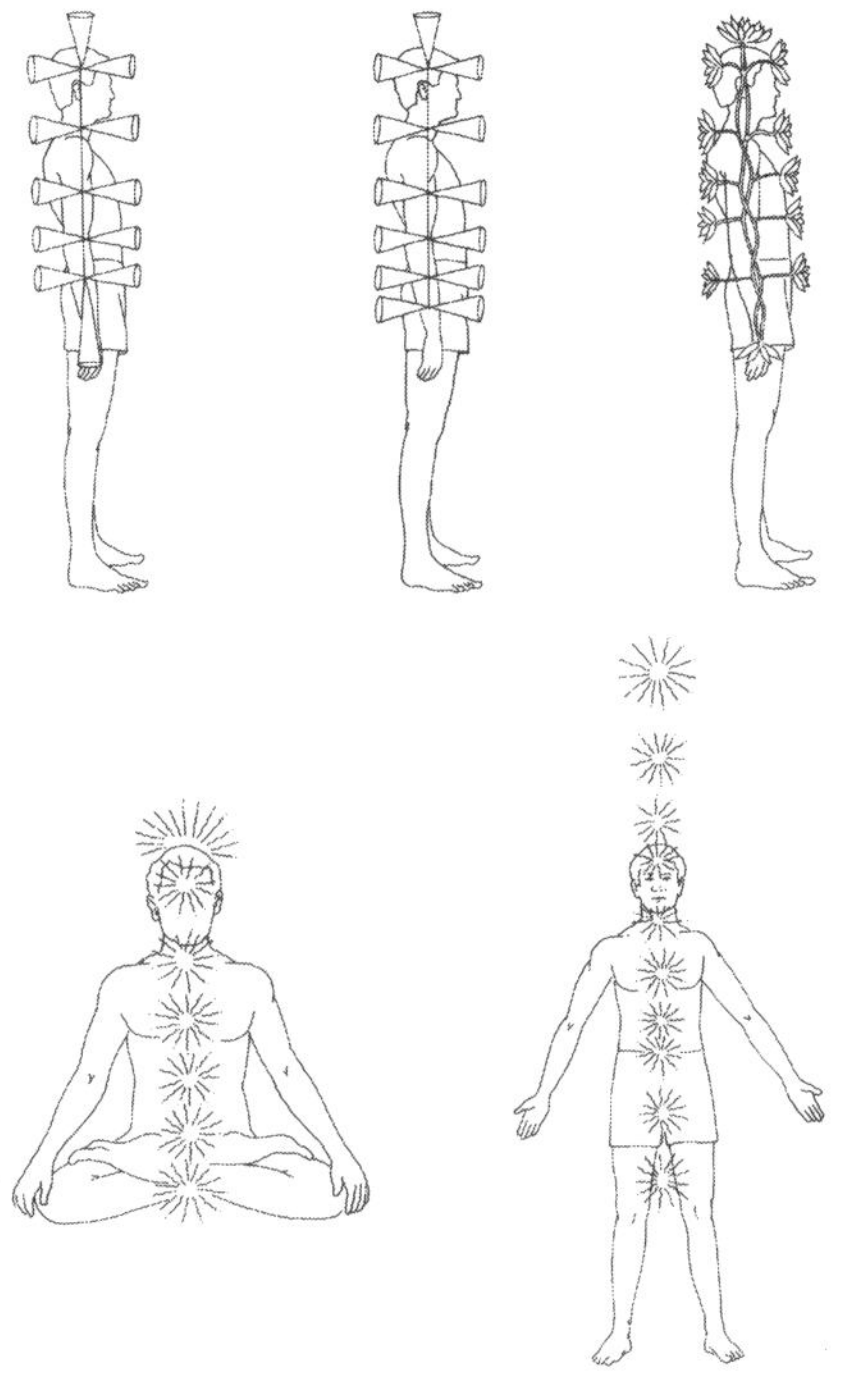

私たちは生命のトランス・グレイディエントな本質を理解していないと、チャクラやオーラはこう見えるのだというさまざまな説に惑わされてしまうことになる。第１チャクラは下向きの方向に付いているという説や、水平に前と後ろにもあるという説などがある。人によって、ハート・チャクラは緑、金やピンクに見え、またどのエネルギーレベルで見ているかによって色が異なるという人もいる。

ある人は時計回りにチャクラは回転するといい、反時計回りだという人もいる。また、チャクラなど存在しないという人もいる。あなたが指導を受けているヒーラーもその人独自のヒーリング・システムにあなたを導く可能性がある。患者の能力を知らないうちに制限してしまう危険を防ぐためには、ヒーラー（医者やエネルギー・ヒーラーも）はトランス・グレイディエントに仕事をすることを学ぶ必要がある。健康は患者の力を制約して得るものではない。ヒーリングというのはトランス・グレイディエントな統合なのだ。

「見よう」としてエネルギーフィールドを歪める傾向

第三の目は額にあるエネルギーセンターであり、第六チャクラとしても知られている。ヒーリングサークルなどでサトル・センス（精妙な感覚）について話す時は、主に第三の目にまつわる話になる。

第三の目を開けて霊能力者になるためにはいくつものテクニックがある。私はそのような方法を使わないようアドバイスしているが、それには二つの理由がある。最初に、第三の目の開いていない人はあまりいない。ほとんどの人は、その存在を否定しているだけか、まだ使い方が分からないだけなのだ。二番目に、チャクラを開くためのテクニックは不自然なものが多く、バラの蕾を無理やり咲かせようとするようなものである。

ある講演後、一人の女性が私のところに来て、自分には霊視能力があるのだと言う。彼女の顔には歪みがあり、私は心配になった。この女性の二つの目には互いのつながりがなく、体の動きもおかしかった。心理的な視点からすると、精神病と診断されるような状態だったのである。

ヒーラー用語で解説すると、この女性は第三の目が引き裂かれてしまっていたのだ。真ん中から二つに裂かれ、一部分が頭の上の方まで行き、他の部分は肩の方向にぶら下がっていた。霊視能力を高めるために無理なテクニックを使い、第六チャクラに損傷を与えてしまっていたのは確実だった。私はこの女性に霊能力があることは疑わない。さまざまなサイキックなヴィジョンを受け取っていたと思う。しかし、これらのヴィジョンが彼女の霊的進化のために役立つものであったかどうか。そして彼女の患者たちの霊的進化のために役立ったかどうか。彼女を頼ってヒーリングや導きのために訪れる人たちのことを考えると、気の毒に思えるのである。

サトル・センスの開花は、人間が進化していくうちに自然に生じる副産物である。花が咲くようなものである。テクニックを使って無理強いするより、学びや自然の過程の中で起きるのが一番よいのだ。

サトルとは精妙なこと

よく間違えられ、誤解されているサトル・センス（精妙な感覚）についての固定概念がある。混乱は書物に出ているチャクラのイラストなどから生じることがほとんどだ。これらの文献は、エネルギーがどう見えるかについて混乱を招くことが多い。サトル・センスが開くと、部屋中に華やかな色彩が飛び交ったり、人の頭上をフワフワ飛んだりすることを私たちは期待してしまう。しかし、それは違う。サトル（精妙）とは、目立たないほどかすかに、微妙に、という意味を持つ。私たちはサトル・センスを持っていても、いつまでもそれに注意を向けずに生活できる。

これと同じような誤解は、肉眼でサトル・センスを使うということだ。サトル・センスを開発した人たちの多くは「心の眼」と呼ばれるものを使う。つまり、リンゴというイメージを持ち、それを心の中で思い浮かべるのと似ている。

オキュラー・サイトといえば、サトル・エネルギー（精妙なエネルギー）が肉眼によって見えるということだが、なかなかそれは珍しいことである。その能力への入り口は、実は心の眼なのだ。実際に肉眼でエネルギーを見たいという思いにとらわれてしまうと、ズレた変な期待を抱いてしまい、自分の自然な見方がなかなかできなくなる。

サトル・センスを使った腕利きのヒーラーになるのは、チェスを覚えるより簡単だ。鍵は、それを正しくあなたに教えることのできる人を探すことだ。特殊な才能を持っていると売り出している先生を選んでしまうと、それは間違いかもしれない。そのような人は混乱していて、あなたをも混乱させる可能性があるからだ。

サトル・センスを開発する時の一番の壁は、想像力についての混乱かもしれない。最初にサトル・センスを持ちはじめると、それは想像しているかのように感じられる。想像力は強力な道具だが、私たちは往々にして、それをでたらめな空想の産物と同じだと思ってしまう傾向にある。なんと頻繁に「それは思い込みだよ」という言葉を聞くだろうか。私は毎日、生徒たちが上手にチャクラやエネルギーフィールドを取り扱っているのを見ているが、彼らが「これは単に空想ではないか」と思った瞬間、急に萎えてしまうのが分かる。疑いを持ってしまうと、このプロセス全部が止まってしまうのだ。サトル・センスを開発している時は、想像力についての判断は横に置いておくべきだろう。

存在のトランス・グレイディエントな本質

私たちの目に何が映るかは、私たちの物の見方によって決まる。私のワークショップではクラスをペアに振り分けて、次のエクササイズを行う。

参加者は互いに向かい合って座り、自分の前にいる人の「神性」を見るように指示を出す。その人間のすべてがあるがままで完璧であると見るのである。髪の毛から、洋服の皺《しわ》、すべては神聖な存在であり、神の生まれ変わりであると思う。それから次に、目の前に座っているのは、傷を負った一人の人間だとして見る。

その人間の悲哀、不安や恐怖、疲れと痛みを見る。それから今度は、この個人が世に見せている姿を見るようにと指示する。どの場合でも、その人間の本当の側面を見ているが、全体像は見ていない。視野が現実を形づくっているのである。

このエクササイズは、私たちが見ようとした通りの経験をさせてくれる。私たちは、絶えず何らかの視野を通して物事を見ていて、見るもの、見る人すべてにそれを投影している。何か一つの正しい究極の視野があるわけでもない。この認識は、私たちの日常の知覚にもサトル・センス（精妙な感覚）にも当てはまることなのである。

心理学の分野では、この投影を転移と呼ぶ。転移を卒業したと思う人は、一つの現実から異なった現実に動いただけで、新しい視野から投影しているだけなのだ。これが存在の本質である。転移がなければ、二元性はなく、世界もなく、あなたと私の関係もないのだ。進化とは、どんな瞬間でも人生を最もよく生きられるような現実へ自然に自分が動いていけるように、トランス・グレイディエントな柔軟性を持つということなのである。

第17章　物質存在の擬人化

私たち西洋人は、よく船に「彼女が」と名称をつけて話をする。台風にも女性の名前をつけ、まるで個性があるかのように扱う。伝説によると、アメリカの開拓者、デビー・クロケットは自分のライフルを「ベッツィー」と呼んでいたという。カール・ユングは私たちの精神（プシケ）の種々の違った側面を取り上げ、それらの典型的な性質を内なる幼児や魔法使い、王様、道化師、王女といったイメージに象徴させ、世の注目を浴びた。

もし私たちがこれを、船や台風、クロケットやユングを少し超えたところにまで持っていけたらどうだろう。美しい滝を擬人化してみたらどうだろう。カール・ユングは私たちの精神のいろいろな側面を擬人化したが、それを滝にも適用できないだろうか。もしも、滝の魂を象徴できるような存在があるとすれば、それはどんな姿をしているのだろうか。

では、美しい山やお気に入りの公園に立つ樫《かし》の木、のんびりした夏の午後の空に浮かぶ雲はどうであろうか。私たちが感情や思いを持てる対象は、どんなものでも擬人化し、表現することができる。自分の感情自体も擬人化は可能である。

人間は、自然の中の要素を擬人化する力を本来備えている。子供は、親や社会の影響を受ける前は、自分が経験するいろいろなことを瞬時に擬人化している。子供には想像上の友達がいるし、彼らにとってぬいぐるみやベッドの下にいる怪獣たちは、他人の存在よりずっと現実に感じられているのだ。科学に同調したために、生活面で擬人化をしなくなってしまった西洋でも、宗教の世界では神、大天使や精霊が登場する。私たちは人生の経験を擬人化するが、その理由は擬人化することが存在の本質に内在するもう一つの現実であり、そうするのが自然で、人生により深い意味を与えるからなのである。

天　使

私たちは天使が本当はどんな姿をしているだろうかと考える。天使は特定の姿をしていると信じ、他のイメージは間違っていると思うかもしれない。私たちがサトル・センス（精妙な感覚）で天使を見る時、本人の見方によってどういう風に見えるかが決まる。ここに異なった視点で見た天使たちを集めてみた。どれも正当である。現実は固定されたものではなく流動的なのだ。

今度はもっと大きな疑問にぶつかる。人生に意味を与える人生観と、人生の意味を失わせる人生観とどちらがより大切か。どのアプローチが本物か。実は、どちらも本物だと私は確信している。私たちがトランス・グレイディエントに機能することを学べば、人生のいかなる側面も無視できないのだ。また、一つの現実に縛られてしまうこともない。つまり、擬人化された存在は本物であり、活性化されていると同時に、現実は具体的な擬人化されていない存在でもあるのだ。

このようなすべてを受容できる認識に立つと、それぞれの人生観は互いを豊かにするのだ。自分の存在の深いところで、最終的には、すべての現実が互いにつながっていることを発見することになる。こうやって私たちは賢くなるのである。

アストラル領域

アストラル界というのは、恐ろしい怪物から神聖な存在までがいる場所として描かれる。別の言葉を使えば、そこはデーヴァ、天使、自然霊や悪魔たちの領域である。

前にも述べたように、私たちは何かを見て、その経験が自分にどんな感情を呼び覚ますかに注意を向けることができる。私たちが心の中で自分の気持ちを擬人化するようになると、私たちは、その気持ちのアストラル的な側面を活性化することになる。

たとえば、汚い下水を思い浮かべてみよう。水はドス黒くて、茶色の泡が立ち、異臭が鼻をつく。この中には何か邪悪な存在が潜んでいると容易に想像できる。トロール（北欧神話に登場する地下や洞穴に住む小人）などのヌルヌルした薄気味悪い存在が下水のエネルギーの典型的な象徴になる。

アストラルの領域での現象は、人間精神の真の側面である。私たちはそのように想念を持って考え、それに基づいて生きている。私たちは宇宙の一部分であり、宇宙はそのように機能する。私たちは自分や宇宙のこれらの側面と効率よくワークすることを学ぶことが大切である。

西洋の科学的なアプローチでは、具体的で、繰り返しのきく実証が必要とされる。現在の科学技術のレベルではアストラル界の存在が検証されていないので、科学の信奉者はアストラル界は想像以外の何物でもないと主張する。もし私たちが、宇宙というものを宇宙に存在する意識であると考えると、宇宙全体が想像の土台の上に成り立っていることになる。想像が二元性の誕生をもたらし、そして二元性がすべての相対的な存在をもたらしたことになる。この大きな意識の擬人化が、私たちが「神」と呼ぶ存在なのである。

私たちが科学的な一つの見方に強く執着し、そのために自らの経験をいとも容易に否定し、その見方を「真実」だと信じ込んでいるのは、ある意味ではすごいことだと私は思う。天使とか悪魔のような擬人化された相対的な現象は、何千年もの間、科学の歴史よりはるかに長く私たちとともに存在してきたのである。

私は、霊に取り憑かれるのが怖くて、ヒーラーのところに行った女性と話をしたことがある。彼女はアストラルの存在について何かで読んだことがあり、取り憑かれるのがとても心配になったというのだ。ヒーラーは、お香で入り口や窓、台所の流しなどを毎晩清めるようにと指示した。そして悪魔が来ないようにキリストやブッダの絵を飾り、ロウソクに火をつけ、水晶を家中に置くようにとも指示した。ところが、逆にその女性はひどく怯えてしまって夜も眠れなくなり、どこに行ってもアストラルからの介入に神経をとがらせた。この場合、ヒーラーの予防策が患者のアストラルへの執着をより強くしてしまったといえる。

ヒーラーの責任は、自分の患者たちがアストラルへの執着を強めるのではなく、乗り越えるのを助けるところにある。ヒーラーはアストラル界の存在を認め、それを患者とともに探検することによって、患者がそこから離れられるように手助けするのだ。アストラル界は実際に存在し、人間の現実の一部分であるが、それに支配される必要はない。私たちは自由自在に自らが注意を向けたいものに注意を向けられるのだから。

善悪とアストラルレベル

中国の伝統では、陰が陽をつくり、陽が陰をつくると伝えられている。私たちがある観点から世界を眺め二極化の発想を持ち込むと、ますますその視野を強化することになる。たとえば、善に執着するのは、その反対の力の存在を認めることになる。一方への執着が強いほど、反対の勢力は力を得る。ヒーリングの分野でも、ヒーリングの名のもとに、むしろ人びとの恐怖心を煽るような動きがいくつかあるのは残念なことである。

自らをエクソシストと名乗る女性ヒーラーを私は知っている。数年前、ニューヨークで公演を行った時、ドアを開けて中に入ると、彼女は私のところに走り寄り、その公演会場の悪魔払いをする必要があると主張した。この会場は古い擦り切れたカーペットが敷かれ、薄汚れていた。彼女はその会場に重々しさを感じ、そこに悪魔がいると言って、自分の気持ちを擬人化したのだ。彼女が感じているエネルギーを私も感じることができたが、私にはむしろ、問題は汚れたカーペットなのだと感じられた。悪魔払いは、その存在をドラマ化してエネルギーを与えるだけである。それが自分自身の存在の中にいることになれば、どんなに変わったアストラルの怪物よりも力強いパワーを持つことになる。この会場に必要だったのは、清潔なカーペットであり、ドラマチックな儀式などではなかった。

講演が終わる頃には、会場の雰囲気はすっかり良くなっていた。もし彼女の言う通りにしていたら、一日中、悪魔と戦っていただろう。悪魔に焦点を当てることで、逆にエネルギーを注ぐことになるからだ。

統合の道は、「輪廻《りんね》の輪」から私たちを解放してくれる。統合はすべての存在するものと結ばれることである。良いものだけと結ばれて、その他を否定するということではないのだ。よって、最高の至福とは、善のみと統合することから生じるのではなく、存在するすべてのものと一つに結ばれることである。「すべての存在するもの」は全存在の超越的な土台であり、それは永遠の調和であり、純粋な愛なのである。この全体のシステムは絶対安全にできているのだ。私たちが悪だと考えているのは実は愛であり、ワンネス（一つであるところのもの）の混乱した状態なのだ。混乱が解ければ、悪などもうないのだ。

最終的には悪はマヤ、つまり幻想であることが明らかになるだろう。宇宙はそのようにつくられているのだ。私たちは、たとえそれが「善」への執着であっても、それによって二元性の幻想を持続させていることになるのである。

過去生ヒーリング

過去生というのは、その人が進化して最終的に輪廻転生が必要なくなる時まで輪廻が続くという考え方に基づいている。その時になると、輪廻の輪がグルグル回るのを断ち切ることができる。過去生はアストラルレベルにおいてアクセスすることができるのだ。ヒーラーと患者が過去生を信じるかどうかに関係なく、これは極めて効果のある療法であることを私は発見した。

人は過去生にこだわり過ぎて、たくさんの時間とエネルギーを無駄にする可能性がある。多くの人たちは被害者意識が強く、過去生によって自分の今の人生が束縛されてしまったと言う。過去生を信じるかどうかは別として、進化は今生《こんじょう》と関わっているのである。過去生へのこだわりは、最も重要な点から私たちの注意をそらしてしまう危険がある。いちばん重要なのは今生である。

過去生のパラダイムの中で治療をするメリットは、過去生を今回の人生の精神的な原型、その象徴として扱えるところである。この視点に立つと、過去生はヒーリングのための効果的な道具になる。こうして、普段は認識できない自分の隠れた面を追究することもできる（虐待された側、虐待した側など）。過去生を自分自身で「創作する」のを許せば、人は簡単に過去生に通じることも私は発見した。このようにして、自分の心の中で何かを感じはじめると、その感情をとっかかりにして心を探検することができる。こうやって患者は個々の問題を探究する足場を構築していくのである。

このプロセスにハンズ・オン・ヒーリング（手技療法）を加えると、とても強力な癒しとなるのである。たとえば、患者が「一八〇〇年代の初期に、私は背中を刺されたんです」と言ったとする。そのように明かされると、傷を受けたと感じている肉体の局部に注意が向かう。その傷にエネルギーの面で働きかけると、その患者が抱えている心理的な問題への入り口になるのだ。このアプローチは非常に有効である。

サトル・センスの眼を通して見る

アストラル領域を介してエネルギー的な存在が物質領域で擬人化されるということを理解できると、今度は、古代文化における神話の創造について再検討することができる。

現代的な観点から見ると、宇宙が自らの姿を現わし具体化したのはビッグバンからである。このビッグバンは、意識が意識自身と相互作用していることの量子力学的な表現である。量子力学レベルにも擬人化はあ

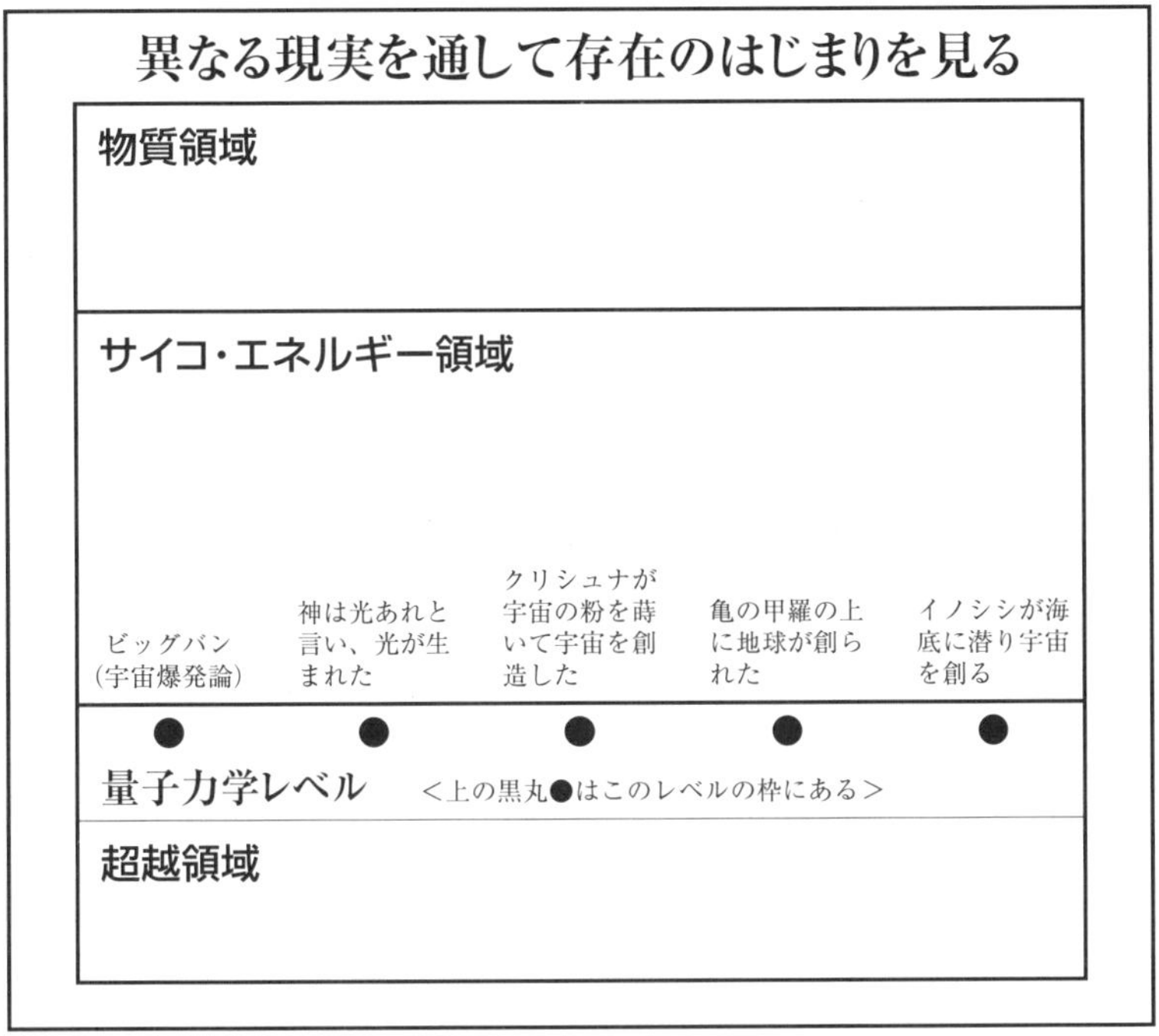

量子力学レベルにおいて存在の創造が具体化した。現代物理のビッグバン理論はその科学的現実における表現である。同じレベルにおいてその宇宙創造を説明し、経験することのできる創造神話もいくつかあり、それに基づく現実もある。

る。自然法則の多くの側面は擬人化され、現代物理学の数学的な側面からはオペレーターとして扱われたり、神として経験されたりしている。宇宙が生まれた時、現実世界の擬人化が同時に生じたのである。

　創造神話は、深遠な量子力学的な現実についてのぼんやりとした象徴や、その現実のアストラル的なこだまの場合もあれば、完全に迷信である場合も含まれている。しかし、古代の神話をすべて創り物として排除してしまうと、私たちは貴重な知から自らを切り離すことになる。神話は、科学的な視野を通して得ることのできない存在の本質を見る洞察力を与えてくれるのである。

第18章　天使の歌や神の声を耳にする

大学の夏の研修では、驚くような経験をした。ある日、私は朝早く目が覚めた。外の空気は新鮮で、とても気持ちがよかった。外を眺めていると、どこからともなく音が聞こえてきた。非常にかすかな音だったので、息を殺して耳を澄ませてみると、それは言いようもなく美しく、まるで天使たちが歌っているかのような調べだった。私はすっかり心を奪われてしまい、じっと聞き入っていた。

しばらくして我れに返ったとたんに、自分がとんでもない勘違いをしていたことに気がついたのだった。遠くから聞こえていたその素敵な音色は、ビルの配管を通る水の音だった。しかし、その出来事を振り返って、私に聞こえたのは水の音だけではないと感じた。全神経を集中させて聞いていたので、天使の声が聞こえてくるほど自分の奥深いところに入って行けたのだと思ったのである。

その日、私は昼食をとりに食堂に行った。私の部屋の向かいに泊まっているフランクが目の前に座った。すると驚いたことに、彼は、「すごくおかしな話があるんだ。今朝、ぼくがベッドで横になっていると、天使の歌声がどこからか聞こえてきたんだ。ぼくは天国にいるんじゃないかと思ったよ。でも数分したら、それが水道の音だって気づいたんだ。なんてぼくはドジなんだろうと思ったよ」と言うのだ。私もまったく同じ体験をしたことを彼に伝えたが、私の行き着いた結論までは口にしなかった。

このような精妙な聴感覚は、すべての人間に生まれつき備わっているものである。それは耳で聞くというより、心で聞く音なのだ。心の眼で見て、心の耳で聞くと言ったらいいかもしれない。そのコツは、そのような心の状態になることだ。フランクと私についていえば、夏の早朝の特別な雰囲気と水道管の水の音がうまい具合に重なって、そのような状態にすっと入っていけたのだ。

私はその夏、サトル・ヒアリング（精妙な聴覚）について、さらに実験を進めてみた。夜、ベッドに入ると、私は合宿所の中の音が聞こえないように耳栓をした。それから、呼吸を止めて耳を澄ますようにした。二週間続けていると、私は牧神のパンの素晴らしい笛の音色を聞くことができるようになったのだ。私は同時に心の眼で、小さな自然霊が近くの川辺で笛を吹いている姿を見た。私は毎晩、このコンサートを聞くのが楽しみになるまでになっていたのである。

あなたにも簡単に天使の歌声や神々の声が聞こえてくるはずである（そういった想像力の開発訓練だと思ってもかまわない）。


その手順は次の通りである。

1. 楽な姿勢をとる。ベッドに横になってもよい。
2. 声を聞きたいと思う相手を思い浮かべてみよう。どんな人物でも、キリスト、ブッダ、孔子といった聖人たちでもよい。
3. 選んだ相手の姿を数分間、思い浮かべてみよう。
4. その人と一緒にいると自分がどんな気持ちになるか想像し、それを深く感じ取ってみよう。
5. 自分の好きなように、その場をイメージして、しばらくその感覚を味わってみよう。
6. 以上ができたら、今度は聞いてみたい質問を考えてみよう。
7. 相手がどんなふうに答えるか想像してみて、自分の質問に対する答えを心の耳で聞いてみよう。

8. 自分の気持ちを楽にして、その経験を受け入れてみよう。他の質問も試してみたり、別の相手も選んでみよう。自分の想念が彼らの言葉となるようにするのだ。

サトル・ヒアリングへの成功の鍵は子供のような無邪気さを持って、流れるままに心の耳に身を任せてしまうことである。

チャネリング

チャネリング（霊媒）はサトル・ヒアリング（精妙な聴覚）をもう一歩、先に進めたレベルの話である。誰かがチャネリングをするという場合、特定の「存在（霊）」がさまざまな異なった度合で、その媒体者に乗り移ることをいう。この「存在」には、いろいろなレッテルが貼られて、その時々にいちばん合った呼び名がつけられている。

チャネリングにはチャネラーの声だけを借りるという場合があり、極端な場合、その「存在」はチャネラーの肉体を借りてしまい、その間、チャネラーの意識は宙に浮いているような状態になる。そのような状態は「フルトランス」と呼ばれる。フルトランスの場合、体に宿った「存在」は自在に話したり、歩いたり、食べたりすることができ、チャネラーはそれをいっさい覚えていないこともあるのだ。

チャネリング現象は多くの人びとに関心を持たれ、「存在」と一緒にいる機会や質問を楽しむ人もいる。さまざまなチャネリングが行われ、その様子を見ていると、とてもドラマチックである。チャネリングに関する本も数多く出版されている。

チャネリングを行っている時に、いったい何が起きているのか、私はよく質問される。そのような場合、私の友人のチャネラーを引き合いに出して、どんなステップを踏んで友人がチャネリングを行うか解説することにしている。その友人をデナと呼ぶ。デナは南西部で評判の、フルトランスのチャネラーである。彼女と出会った頃、彼女はグループ別に個人チャネリングのセッションを行っていた。デナには多くの常連がいて、何回もチャネリングを頼みにくるほど評判がよかった。

デナが座ってチャネリングを始めると、最初に心身が十分リラックスするように、たっぷり時間をかける。私が気づいたのは、彼女のオーラフィールドも徐々に落ち着いてゆき、ぴたっと静止するのだ。数分たつと、彼女のフィールドはゆっくりと移動しはじめ、中心が肉体と離れはじめる。フィールドが離れると、もう一つの違うオーラフィールドがデナの右肩の上に接近してきて、デナの肉体とつながるのだ。そのつながりが強くなるにつれて、デナはその変化に合わせるように自分の体を調整するのに数秒かける。彼女は自分の姿勢を変え、頭の角度を少し上向きに変え、呼吸も変える。すると、「存在」が乗り移り、眼を少し開け、ちょっと微笑んで部屋を見回し、デナとは似ても似つかぬ深く響きわたる声で「存在」が語りはじめるのだった。その言葉は意味深長で洞察に富み、詩的でさえある。こうして彼女の話と人びととの交流は、通常、一、二時間続く。

人間の肉体は、いくつもの次元のトランス・グレイディエントな統合を通して健康を維持している。そうして何年もの年月をかけて、肉体のすべての部分は繊細な楽器のように精巧に調律されていく。

ところが、人がチャネリングをすると、チャネラーの心と肉体の統合が中断される。その時チャネラーは、乗り移ってくる「存在」の心と自分の肉体とが一緒になることを許している。チャネラーの繊細な肉体が他の存在と統合することを許してしまうと、健康維持に不可欠なチャネラー自身の心身統合の働きが鈍ってきてしまう。チャネラーの心身の調整は乱れ、時間が経つにつれ、雑な荒削りなものになっていくのである。

デナは私のところにヒーリングを受けにきた。私たちは簡単に話し合い、彼女はヒーリングテーブルに横たわり、眼を閉じた。彼女のエネルギーフィールドを見ると、上の方のいくつかに少しねじれがあるのに気づいた。上に向かって外に放出されるエネルギーの流れが、少し斜めに曲がっていたのだ。

それはチャネリングするために自分のフィールドをひねっている結果だろうと、私は思った。私は自分の手をその流れのところに置いて、デナに、自分が「存在」とのつながりが感じられる箇所に手を置くようにと言った。デナがそこに手を当てると、私の手に触れたのである。

私はデナに、チャネリングが自分のフィールドに悪影響を及ぼしていることを説明し、そのダメージを治してほしいかと聞いた。彼女が同意したので、私は患部をヒーリングし、セッションの後、チャネリングの影響について彼女に詳しく説明した。

最初、デナは私の言うことを信じたがらず、気分を害したようだ。彼女はチャネラーの仕事が好きで、それに専念していた。チャネリングを収入源にしているし、貴重な情報を人びとに提供しているので、そんなに簡単にこの仕事を放り出せないと、私に言った。どのチャネラーも皆、同じことを言うのだ。その立場に立つと、チャネリングが自分の健康を害するなどという考えは、とうてい受け入れ難いことなのだ。

デナはチャネリングの仕事を続け、以前のように、すぐ彼女のフィールドが歪んできたのだった。しかし、さらに深いレベルで彼女は、私が真実を語ったことを理解してくれていたと思う。それは彼女が自分の患者たちを私に紹介してくれるようになったからである。

一年後、彼女はチャネリングをやめ、自己の進化のために時間を割くようになった。彼女は現在、サトル・ヒアリングに関わる仕事をしているが、完全なトランス状態で「存在」を自分の体に迎えることはもうしていない。

もう一つ言いたいのは、誰を（または何を）私たちがチャネリングしているか考えてみる必要があるということである。存在たちはたびたび、守護天使とか昇天した大師の名前を語る。素晴らしい言葉が次々に整然と厳かに語られると、私たちはいともたやすく信用してしまう傾向がある。

サイコ・エネルギー領域の精妙なレベルに入ると、私たちは皆、自分たちに内在する神性を感じることができるということを忘れないでほしい。私たちすべてが聖なる知恵にアクセスでき、そして今まで見てきたように、私たちはその精妙なレベルから通信することも可能なのである。肉体を持たない「存在」たちは、肉体がないゆえに多少誇張した想像をかきたてる語りをする。彼らが私たちより進化しているとは限らないし、彼らのアドバイスをすべて鵜呑みにしてよいということでもないのである。

たとえば、フォックス姉妹を思い出してほしい。当時の著名な学者や研究者たちは子供の無邪気ないたずらにすっかり振り回されてしまったのであるが、私たちは、さらに深いレベルで、フォックス姉妹から学べることがあるかもしれない。チャネリングをする振りをして、子供たちは自分たちの奥深いところに触れることを自分たちに許したのである。そこでコミュニケーションをした時、意味深い美しいメッセージを私たちに提供することができたのだ。私たちは皆、無限の知恵があり、知識も豊かである。その知恵にアクセスするのに一番の障害は、自分自身の人格が邪魔をすることである。そして、その知恵にアクセスするために心身の統一を歪めてしまうやり方よりも、むしろトランス・グレイディエントな形で肉体と調和を図るやり方の方がずっと好ましいだろう。

チャネリングを通して、とても素晴らしい価値あるメッセージが提供されることを、私は否定しているのではない。たとえば、エドガー・ケイシーなどは深い洞察に満ちたメッセージを私たちにもたらした。何も自分たちのエネルギー系をねじってしまわなくても、そのような知識や知恵を獲得することができ、それはもっと進化したレベルで、より健康で自然な過程を通してできるものなのだ。

トランス状態は一般的に、人間のエネルギー系にとっては不健康な影響をもたらす。残念ながら、多くのヒーラーや霊能力者はチャネリングや他のトランス技術を多くの活動に採用しているが、これは彼らの生体を傷めてしまう。その結果、患者のフィールドのさらに繊細なレベルを見ることができなくなってしまうのだ。繊細なレベルが見えないということは、患者のその部分については知らずに放っておいてしまうことになる。

チャクラやエネルギー系を開いたりするのは、健康で進化したエネルギー系のもう一つの大切な活動である。これは何年もかけて開発される微妙な調整なのである。

どのような大工でも一時間でテーブルは作れる。しかし、細やかな模様が入っていて、よく磨かれた手作りのテーブルは何日もかかるであろう。ヒーリングとは、何かを開けたり整えたりすることではなく、洗練させていくということなのである。

第Ⅵ部

心理セラピーの進化

想像は知識より重要である。

——アルベルト・アインシュタイン

第19章　現代の精神療法

現代の精神療法は主に行動療法、感情療法、そして認知療法の三つのアプローチに分けることができる。実践では大体、この三つが同時に用いられている。

行動療法

バイオ・フィードバック、行動修正、NLP（神経言語）のプログラミング、EMDR（目の動きを通した減感作用・再生療法）や催眠療法は、行動療法アプローチのいくつかの例である。これらの方法の基本的な考えは、行動の仕方を修正することによって生活全体を改善していくというものである。アルコール依存症の人間が酒を断つようになるなど、このアプローチがとてもうまくいく場合があるのは確かだ。しかし、そのような行動の変化には高い代償がつくこともある。前頭葉の切除手術で行動を修正するのは可能でも、患者はそのために何かを犠牲にしている。ヒーリングの患者を見ていると、多くの行動療法が人のエネルギー系にストレスを加えていることに気がつく。

催眠療法を定期的に受けた患者には、脳波機能に特徴のあるエネルギーの乱れを見出せる。オーラフィールドを見ると、頭のまわりに渾沌と停滞した波動パターンが現われている。頭のまわりに両手を置いてみると、それはチクチクした、べとつくようなエネルギーだ。バイオ・フィードバックを行う人たちや、集中力を要する瞑想を定期的に行っている人たちの中にも、似たような状態の人がいる。行動を変えることに価値がある場合もあるが、行動を変えること自体が癒しにつながらないのは、それが望ましくない行動を引き起こす根本原因に触れていないからだ。根本原因の探究が真の癒しに導くのである。

認知療法

認知的アプローチの本質は分析にある。簡単にいえば、頭で分かって納得すれば治せるという発想だ。その元祖、ジグムンド・フロイトの心理分析で、一番よく知られているアプローチでもある。他にはゲシュタルト療法、トランズ・アクショナル分析、そして、カール・ユングとそのユング派の系統がある。このアプローチも、とても役に立つ場合がある。

もし、ある女性が自分の父親との間に何らかの問題を抱えているために、無意識に他の男性に対して否定的な態度をとるとしたら、その根底にあるダイナミックスを理解することは確かに重要である。しかし、行動的アプローチと同様に、セラピーだけでは治らないだろう。このアプローチだけでは、患者の自己修正機能が開発されることは珍しく、それは偶然の出来事でしかないのである。

感情療法

感情的アプローチの本質は、自分の感情に直接触れてみるところにある。感情の解放が第一の目標である。感情的アプローチの例として、サンドバッグを自分の嫌いな人間に見立てて思いっきりパンチを浴びせるとか、悲しい出来事を思い出し存分に泣くとか、ガイダンスを受けながら幼少時代の出来事や経験を思い出していく、などがある。「それを感じ取ることによって癒しが行われる」（To feel it is to heal it）という言葉でその考えが表わされる。ウィリアム・ライヒの研究から派生した「叫び療法」とか、コア・エネジェティックスなどもその例である。

研究成果を見ると、憎い相手に見立ててサンドバッグを殴るのも、それと同じような勢いでジムで筋力トレーニングをするのも、効果は変わりないと出ている。このような感情解放療法を定期的に行っている人たちは、先に述べたチャネリングによって起きる心身の不調和に似た障害が、大脳皮質と中脳の統合で起きていることを、私は発見したのだ。中脳は感情に関係していて、大脳は知性と関係している。したがって、サンドバッグを人間ととらえて強い感情を持って殴ると、脳の二つの部分をつなげるところに強度のストレスをかけることになる。解放されるストレスの量より、つくられるストレスの方が大きいことがたびたびあるのだ。

繰り返すことになるが、人間の成長は洗練のプロセスである。人間の生理・生体に深く存在する本質は、とてもデリケートであり大事に育てなくてはならない。多くの場合、何でも迫力がある方がいいと見なされ、このような考え方だと、自分の中に調子の悪いところがあれば、そこに入ってブッ飛ばせば治るんだという感覚になってしまう。これが「気持ちを全部吐き出してしまおう」とか「言いたいことがあったら言おう」式の方法である。私はこれを「ギリシャのゾルバ風自己修養アプローチ」と呼んでいる。

このようなアプローチを使っている人たちのエネルギーフィールドを見ると、いつも同じことに気がつく。彼らのエネルギーフィールドは確かに開いているが、問題は開き過ぎることだ。チャクラやエネルギーの道筋の多くが開いているのだが、感情療法によるプレッシャーでエネルギー系が粗雑なものに変わってしまっている。これは、高級な機器を車のトランクに入れるためにハンマーで叩いて小さくするようなものだ。何とか押し込めるかもしれないが、代償は高くつく。もちろん、結果として最初のうちは気分がいいかもしれないが、受けたダメージを修復するには何年もかかる。もっと自然な道をとるためには、感情解放の治療を受ける以前の状態に戻す必要があるだろう。

ハンズ・オン・ヒーラーとエネルギー・リーダー（エネルギーを読む人）たちの中には、この感情療法に対して良い印象を抱いている人もたくさんいることが分かっている。エネルギー的に見ると、療法前と後ではとても違っていることがある。ところが不幸なことに、ヒーラーやエネルギー・リーダーたちの中で、どのような悪影響があるのか見える人たちが少ないのだ。チャクラはデリケートな花のようなもので、花は自然に咲かせるものであり、爆破して無理やり咲かせるものではないのである。

第二の反応

もし誰かに襲われたら、私たちの最初の反応は恐怖である。侮辱されたら怒りで、その瞬間、怒鳴り散らすかもしれない。肉体的に最初の反応はさまざまな形で経験されるだろう。胃腸がギュッと収縮したり、筋肉が硬くなったり、心臓の痛みや胃が空っぽになったように感じるのが最初の反応かもしれない。この反応のまま振る舞えば、原始的な行動しかとれない。さらに進化した方法は、最初の衝動的な反応を素早く内省してから、適切な行動をとるということである。

未熟な第二の反応には、「ぐっとこらえる」「飲み込んでしまう」または「言いたいことがあっても言わない」などがあるかもしれない。このような場合、まわりと妥協しながら生きることになる。発達した第二反

第二反応のトランス・グレイディエントな側面		
	未発達の第二反応	発達した第二反応
中脳と皮質	不統合＜不調和＞	統合と調和
感情的反応と知的反応	不統合＜不調和＞	統合と調和
エネルギーフィールドの上と下のレベル	合っていない	合っている
上（頭）と下（体）のチャクラ	合っていない	合っている

応ならば、私たちは責任を持って行動をとり、自分たちのニーズに合った方法で対処できる。発達した第二反応は単に態度や性格を変えるという問題ではなく、それは進化した生理・生体的な状態である。上の表にあるように、それをさまざまなレベルで見ることができる。

感情療法では、患者は最初の反応を行動で表わし、第二反応への回路をショートさせて壊してしまう。この回路は育て、進化させるべきであって、悪影響を与えてはならない。

最初の反応は、感情解放療法では「本当の自分」と呼ばれたりするが、私はそれには問題があると思う。個人の真実は原始的な子供っぽい第一の反応ではないはずだ。真実とは、私たちの心の静かで内省的な奥深いところにあるものだと思う。自分の真実を生きるのと、ただ行儀が悪いのとでは大違いなのである。

第20章 トランス・グレイディエント・カウンセリング

トランス・グレイディエント（TG）・ヒーリングの三つの原理は、次の通りである。

1. 自己修正機能
2. 探究
3. 安全な場所

これらの原理はヒーリングのすべての側面に適用される。私の知っているヒーリングの達人たちはこれらの原理を適用しているが、彼らにその説明を聞くと、ほとんどがこのように言う。「何をしているのかと聞かれても、実はよく分からないんだよ。長年かけて身につけてきたうまくいく方法を使っているだけなんだよ」

このヒーリングの基本原理がカウンセリングにどう適用されるのかを示そうと思う。そうやって何年も試行錯誤しながら成功を納めた、数少ない素晴らしい心理セラピストたちの方法を整理してみよう。私はこれをトランス・グレイディエント（TG）・カウンセリングと呼ぶ。

自己修正機能

私たちは皆、本来的には今のままの状態でいいのだ。私たちの内に秘めている完璧さが、私たちの超越的な本質から存在の全レベルを通って湧き上がってくることによって、癒しが起きるのだ。ヒーリングとは、一人ひとりに内在するこの自己修正機能が前面に出てくることを意味する。カウンセラーには、この自己修正機能がどのようなコースをたどるのか、患者が結局どのようになるのか、あらかじめ知ることはできない。しかし、ヒーリングの過程は探究によって速やかに促進されていくのである。

探究の目標

探究の目標は、精神の土を耕し、自己修正機能が自由に仕事ができるように硬く固まった部分をほぐし、緊張を解放するところにある。人間の多次元的な本質は計り知れないものであり、私たちはヒーリングのさまざまな考え方を利用させてもらい、これらの次元に入っていくことができる。

さまざまなヒーリングの既存のやり方には確かに限界があるものの、ヒーリングの過程で役に立つことが二つある。一つは、ヒーラーに何らかの視点を与え、問題意識を持たせることができることだ。さまざまな疑問を持つことは患者が探究する際の助けとなる。二つ目は、患者が探究することによって癒されていく間、安心して身を寄せることのできる生活のパターンを患者が築き上げていくことができるということである。

普遍原理・7　**モデルは良き使用人になるが、師としては好ましくない。**

安全な場所

患者がカウンセラーに全幅の信頼を置き、安心した気持ちでいられることは、ヒーリングには不可欠である。その関係を築いていくことは、「安全な場所づくり」と称される。

D・W・ウィニコットは母親と乳幼児の相互関係を観察して多くの研究を行った。子供が幼い頃は母親が安全な場所を提供して子供を支えていくが、だんだん成長するにつれて、子供自身がその安全な場所を維持できるようになることに彼は注目した。このプロセスがうまくいけば、子供の中にしっかりとした自己が形成されるのだ。個人が「安全な場所を維持」できるという状態は、『ヴェーダ』（インドの聖典）で紹介されている「覚醒した人格」とどこか共通している。これは「母がいつも家で待っていてくれる」というような感覚としても説明される。

ウィニコット派の一部には、自分たちの患者のために安全な場所を提供するのを専門にした精神科医たちがいた。幼児が自己を確立するように、患者が自分をさらに効果的に支えられるように学んでいくことを、彼らは目指した。そのために、セラピストたちは患者に対して一貫した行動をとるようにし、セラピストの方から予約を取り消したりせず、休暇をとる際には前もって患者たちに通知するようにした。一定した環境を保つために、セラピストの多くはクリニックの内装を変えず、いつも同じ場所に同じ物を置くように気を配った。

最初、この方法は実にうまくいった。患者の生活も精神面も明らかに改善されたのだ。しかし、セラピストたちが引退したり仕事をやめたりすると、患者たちの状態は一変して悪化した。自分たちを自ら支えることを患者は学んでいなかったのである。

安全な場所を築くのは、ケアとは異なるものなのだ。居心地の悪い気分から患者を守るのは、カウンセラーの仕事ではない。たとえば、探究のプロセスで感情が揺さぶられるかもしれない。揺さぶられた感情をカウンセラーの直感的なケア感覚で静めようとしたりすると、その癒しの過程も止まってしまうのである。しかし、探検の痛みが限度を超えたり、トラウマをつくるようであったら、ヒーラーはもちろん介入して、その過程を中止するのが適切な場合もある。

安全な場所を提供するための注意事項がよくリスト化されていることがある。たとえば、視線をどこに置くか、患者の前でどのように座るかなどの基準があり、身体を「開いた姿勢」で保つこと、患者とエネルギー的に完全につながっていることなどが含まれていたりする。このようなチェックリストに則ることも価値があるだろうが、実際に安全な場所を支えていく技術ははるかに複雑である。

カウンセラーはそのプロセスにどう入っていくかを学ぶ必要がある。この治療の場でカウンセラーが大きな役割を果たすことは明らかだ。カウンセラーは患者の探究を促進するために、カウンセラー自身の本質も積極的に理解する必要がある。なぜなら、その探究のあり方は患者だけでなく、カウンセラー自身の本質とも一致していなければならないからである。

第21章　五つの神性

現代の精神療法は、人間の精神がどうなっているのかについて、観察と解釈という伝統的な方法を使っていくつかの結論を導き出している。そのうちの一つは、「本当に分かる」という状態が心の奥底から始まって外側に向かって深まっていくプロセスであるということだ。人間の精神を理解するためには、まず人間の心が現われてくるプロセスを最初に理解する必要がある。

超越存在の特徴は顕現すること、つまり何らかの具体的なものに現われることである。その状態を「呼吸している」と言い、その呼吸は「プラーナ」と呼ばれる。そして、超越の呼吸は外に向かい、存在の他の領域へも通じる。

カルマ、つまり移りゆく存在の因果応報は永遠に続いていく。プラーナが移りゆく存在として現われる時、カルマとプラーナは互いに影響し合う。この相互作用がマインド（心）を形成するのだ。部屋で線香を焚くのを想像してみよう。煙はまっすぐ筒状に上がる。さらに上の方を見ると、煙は渦状に回っているように見える。線香の煙はプラーナのようなもので、渦状に回るかすかな空気の動きがカルマなのである。

存在はさまざまな形をとって自分を現わす。万華鏡を覗くと、動いている模様がいろいろなパターンに見える。中心の一点のまわりにすべてが動いているように見えることもあれば、光と陰が互いのまわりを踊っているように見える時もある。五芒星、六芒星や七芒星のパターンをそこから見つける時もある。

　五つの神性のアプローチでは、人間の精神が五つの要素を持っていると考えられている。それはプラーナの持つ五つの性格でもある。それらが存在を通してトランス・グレイディエントに湧き上がり、カルマと影響し合う中で、人それぞれ固有のマインドと人格を形成してゆく。

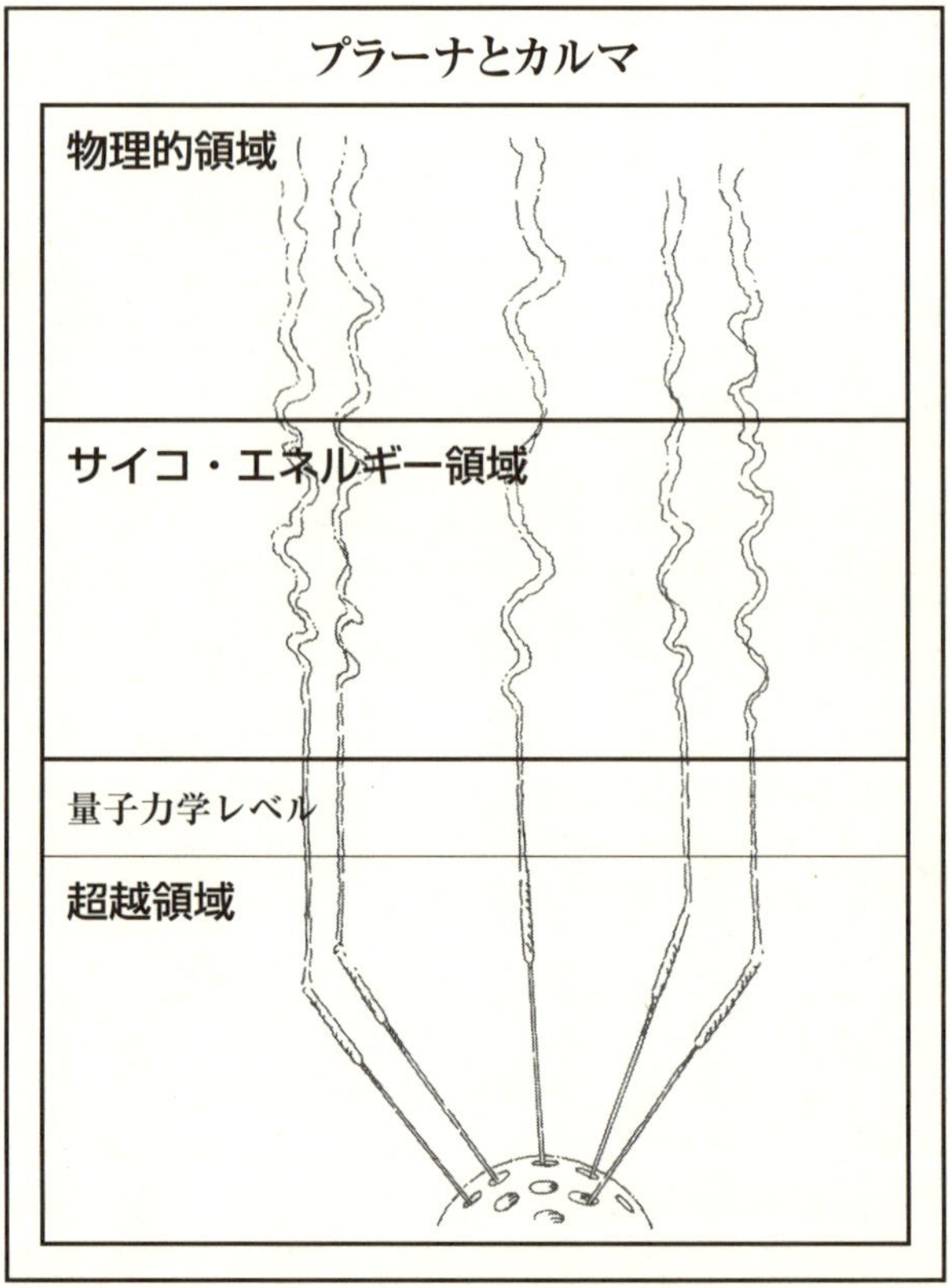

　線香の煙はまっすぐ上に上がり、部屋の微妙な空気の動きに影響されて舞っているようにくねる。超越存在が呼吸を始めると、プラーナは上昇してカルマと出合い、マインド（心）が形成される。

五つの神性は五本の線香のようで、線香のまわりの空気はそれぞれ違っているかもしれないが、五本の線香自体はすべてが聖なる性格を備え、すべての存在の源であり、永遠に完璧さと調和を保っているのである。そこには変化はない。これらは私たちの存在の本質にずっとあり続けるのだ。

五つの神性とは、スピリチュアリティー（霊性）、愛情、感受性、完璧さ、コミットメントである。その五つの神性のまわりで、私たちが線香の煙のように舞うのだが、それぞれの舞い方は自分の存在――肉体・精神・心――の帯びるカルマによって違ってくる。この舞いが人それぞれの人生に独特の味わいを持たせてくれるのである。

現代の心理療法はこの五つの神性の特徴をつかみ切れていない。最も大切なことは、私たちは皆、すでに聖なるものであるという事実である。

普遍原理・8

私たちの本質には神が宿っている。私たちはもともと完成された存在である。

つまり、私たちはもう完璧になろうとしなくてもいいのだ。私たちのやるべきことは、自分の内面を探究して、それによって私たちの神性を解き放つことである。しかし、それは自分たちが理想とする現実を見つけて、それに沿った生き方をするということではない。私たちはトランス・グレイディエントな存在なので、実はそのような方法は合わない。私たちは自分たちのトランス・グレイディエントな性格、つまりそれは神性そのものであるが、それに身を委ねてさえしまえばいいのだ。すると、その瞬間から人生は豊かになり、私たちは満たされ、楽しく、自然体になれるのである。

普遍原理・9

人間の進化は、自分たちの中にすでにある神性に自分を委ねることである。

前に触れたように、カルマとプラーナの相互作用がマインドを創造する。マインドの一つの側面は「チット」と呼ばれ、それは印象の倉庫のようなものである。人生という舞いを経験していくに従って、さまざまな印象がそこに蓄積されていく。これが、私たちが何を信じ、どんな世界観を持つのかを決定し、どのように経験し、どういう見方をするのかを特徴づけていく。私たちが進化してトランス・グレイディエントに生きることを学んでいくと、「チット」はソフトになり、印象（サムスカラ）もその痕跡を残さなくなる。

チットが進化すると、石のような固さから、粘土、ゼラチンのようになり、そして水、空気のようになっていく。進化してゆく中で、チットの印象はゼラチンの中で指を動かすように柔らかくなり、そのうち、印象は宙で指を動かすようなものとなり、まったく跡が消えてしまう。そこまで達すると、この世界の現実から別の現実へ自由にトランス・グレイディエントに動けるようになる。古代の伝統では、この状態を「無心」と呼んでいる。チットが溶けて空気のようになり、残像も残らず、無心になるのである。

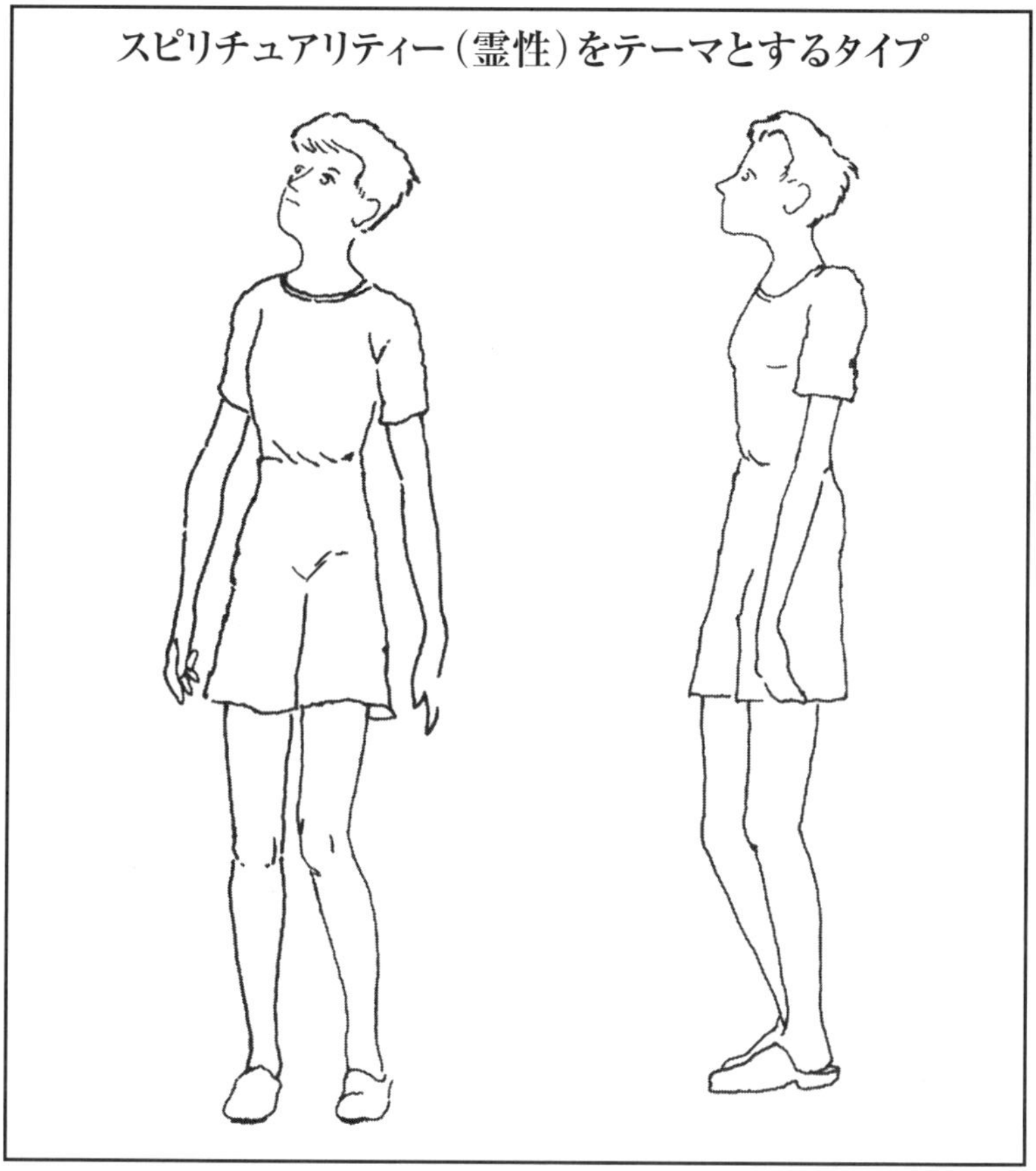

精神面：この傾向は、誕生の過程で即座にカルマとして現われる。この神性は胎児の時期か誕生の過程に始まる。妊娠や出産に困難が伴うかもしれない。チットに刷り込まれたこれらの印象により、生涯を通してスピリチュアリティーのテーマをトランス・グレイディエントな形で持ち続ける。

エネルギー面：スピリチュアリティーとの相性によりエネルギーは上の方に流れる。そうすると体にエネルギーが欠乏する。エネルギー系が肉体の中でうまく調整されない。

肉体面：エネルギーが十分ではないので痩せていて栄養不足の感じがする。スピリチュアリティーは肉体の中にあるが居心地が悪く、抜け出そうとするので肉体の左右のバランスがどこか崩れている。

愛情をテーマとするタイプ

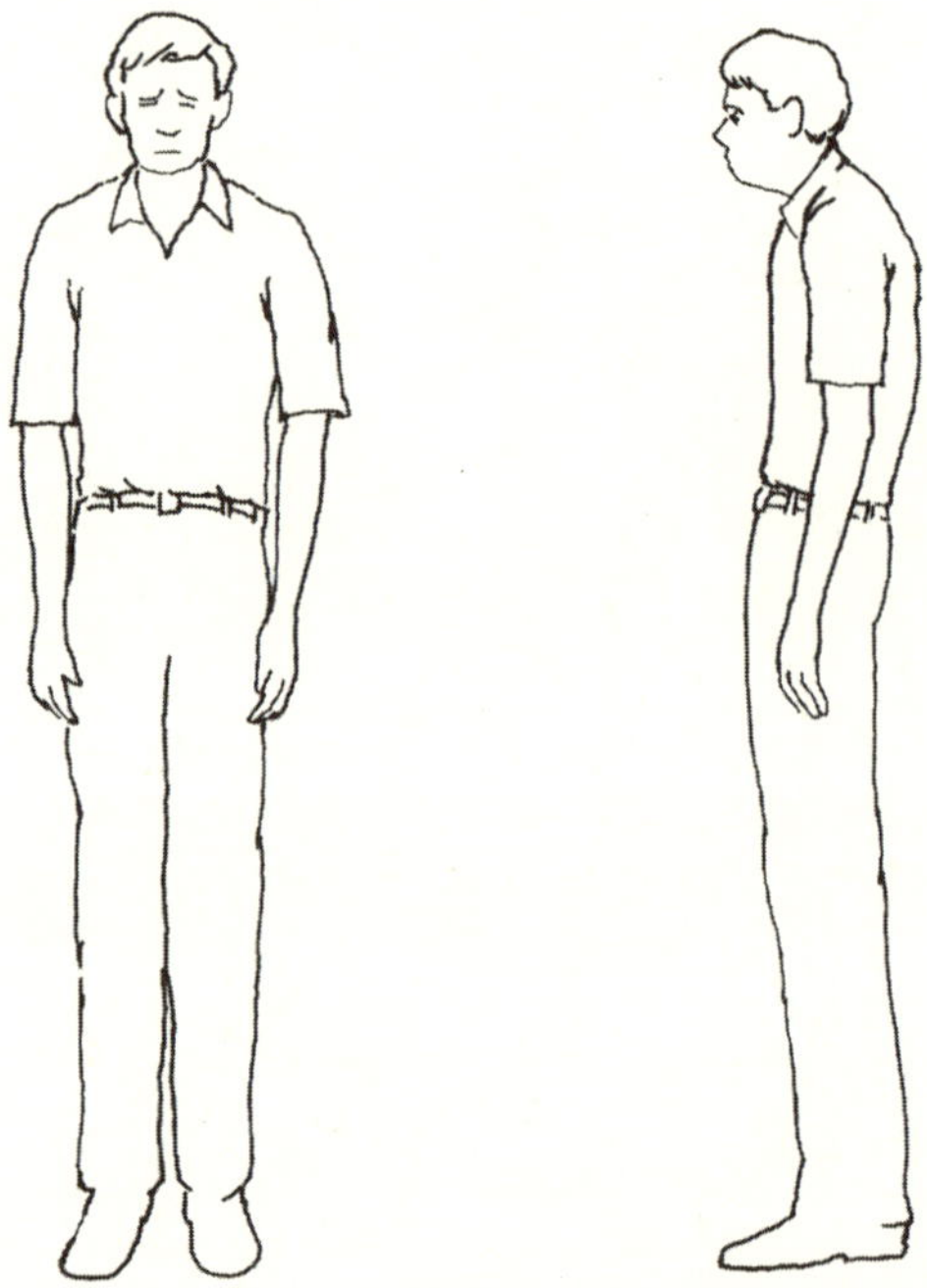

精神面：この傾向は、幼児期に母親や乳母との密接な関係が不可欠である時期にそれが欠如することから生じる。実際に愛情があっても、愛の不足として経験される。愛されていない、または愛が差し出されても受け入れられないという葛藤のカルマが表面化する。満たされず、愛されたいという感情（逆に、捨てられてしまうのではという不安）が中心にある。チットに刷り込まれたこれらの印象により、生涯を通して愛情のテーマをトランス・グレイディエントな形で持ち続ける。

エネルギー面：愛を受けるのが困難なため、ハートのエネルギーが不足している。愛も養分も口を通して交換されるが、それが困難なので、ノドのチャクラのエネルギーが不足する。十分に栄養がとれないのでエネルギー系全体が力不足である。

肉体面：胸が引っ込んでいて、顎が小さく引っ込んでいる。両目は何かを求めているような印象を与える。

感受性をテーマとするタイプ

精神面：この傾向は、母から独立して個として生きることを発見する時期のカルマから生じる。このタイプの子供は非常に敏感なため、人との出会いが自分を侵害するものとして感じられる。そこで、体への入り口（ノドと肛門）を塞いで、侵害から身を守ろうとする。体の脂肪を集中させ（エネルギーをコンパクトにして）、それ以上の侵害を防ごうとする。侵入不可能に見える砦を造るが、他人はどこか侵入できるところを探すため、よけいに脅威となる。チットに刷り込まれたこれらの印象により、生涯を通して感受性のテーマをトランス・グレイディエントな形で持ち続ける。

エネルギー面：エネルギーを中にとどめるために、ノドのチャクラと第１チャクラを閉じてしまっている。

肉体面：体は大きく太っていることが多く、首とノドが固まっている。臀部と股の間が緊張して固くなっている。

コミットメントをテーマとするタイプ

精神面：この傾向は、子供が期待されたイメージや大きな目的のために自分を合わせることが理解できるようになると生じる。母親の前では小さな紳士、父親の前では小さな淑女のような振る舞いが期待され、精神的にまだそのような準備ができていなくても演じてしまう。子供はそのために一生懸命だが、最後には本来の自分以外の者になるように仕向けた親に裏切られたという気持ちを抱くようになる。チットに刷り込まれたこれらの印象により、生涯を通してコミットメントのテーマをトランス・グレイディエントな形で持ち続ける。

エネルギー面：エネルギーは上半身に集中している。上のチャクラは、幼少期でまだ早かったにもかかわらず、精神的に成長しなくてはならなかった結果として過重な負担がのしかかっている。支配欲との葛藤や親の裏切りに対する怒りがずっとある。

肉体面：上半身が膨らみ、足や臀部が小さく痩せている。眼が他者を支配するように見える。

完璧さをテーマとするタイプ

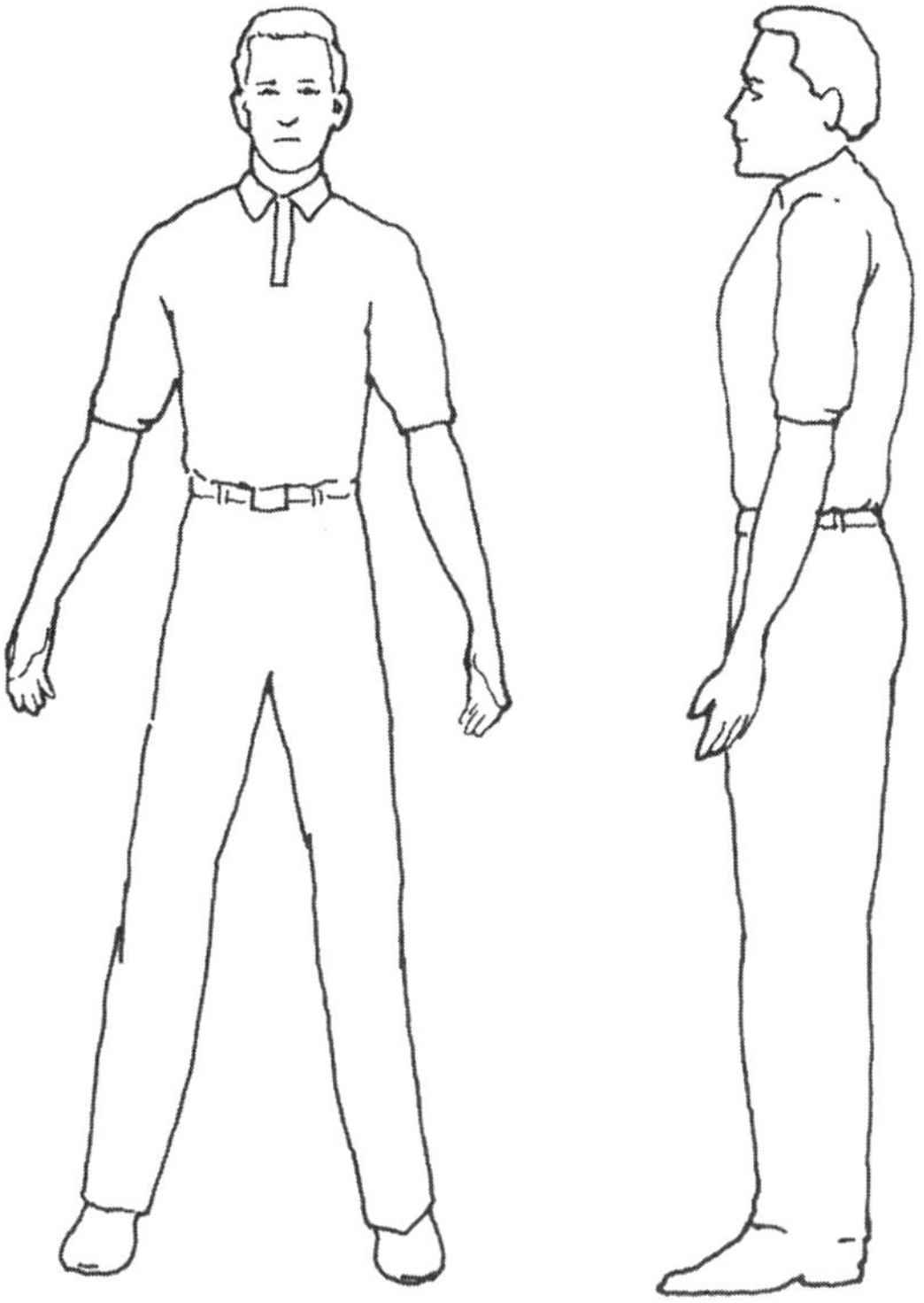

精神面：この傾向は、他の神性の傾向より少し遅れて出てくる。子供の愛や感情が、とくに親の目から完璧なものとして期待されると問題が起きる。その結果として、自分の感情を無視するか抑制し、自分の生活もエネルギーも完璧に管理しようとする。チットに刷り込まれたこれらの印象により、生涯を通して完璧さのテーマをトランス・グレイディエントな形で持ち続ける。

エネルギー面：「気をつけ」の姿勢に固まっている。チャクラは少し緊張気味ではあるが、完璧な位置に保たれている。ハートは少し引き気味で、多少エネルギー不足の感じがする。

肉体面：バランスのよい体つきで筋肉が締まっている。

とその本質

感受性	コミットメント	完璧さ
同情、やさしさ、利発さ、洞察力に富んでいる、創造的	主導権を保つ。先手を取る。忠実。深い同情心や正義感を持つ	探究、組織、やさしいセクシュアリティー、情熱的、模範的
人間としての経験を生き生きと自由に味わう	従われているというより、支えられていると感じたい	愛を統合して体現する
被害者意識、罠にかかったような気持ち	裏切りや利用されたという気持ち	傷心
頑固、反抗的な怒り	恥、怒り	不安
誕生後9カ月から2歳	2～4歳	3～6歳
侵入的、支配的、優越的、屈辱的	ニーズがあるか、誘惑的	子供が情意的な成長を見せると拒絶的になるか誘惑的になる
もし「いやだ」と言えば恥をかく。言わなくても恥ずかしい	自分以上でなくてはならない。それを誰にも知られてはならない	たくさんの感情を持っているが、それを見せることができない
ニーズを満たすより相手の機嫌をとる。愛されるためには従う	自分は正しくなくてはならない	感情は危険であり、だらしがないものだ。見せてはいけない。愛されるためには完璧でなくてはならない
鈍い、固い体つき、(防衛のため)脂肪で防御壁をつくっていることが多い。苦痛を感じている眼	大きな上半身、膨らませた胸、小さな足、上半身が重い。眼からは強いエネルギー	完璧な体(かなりの努力の結果)。骨盤が引っ込められた感じ。筋肉は固く緊張している
抑制。自制	自己の保持。奮起	自己の抑圧
私は大丈夫	安全でいるためにはコントロールしなくてはならない	自分の気持ちを見せない。不完全さを見せない
マゾヒスト(被虐質)	精神病質	硬直質

五つの神性

	スピリチュアリティー	愛情
長所	知的・創造的高次元を自然に歩む。エネルギーもサトル・センスも開いている	深い、感受性のある理解と触れ合い／信愛（神に対する献身的な愛）
祝福面＜傷のニーズ＞	物質世界で安全に生きられる	心が満たされる
歪みの経験	消滅	捨てられる
歪みの感情のキーノート	凍てつくような恐怖心	寂しさ、ニーズがある、空虚さ
成長停止時期	子宮内から誕生後4カ月	誕生後4〜9カ月
親の態度	不在、または敵意がある	感情面で不在
歪みから生じる予測	体現することは死を意味する	相手から必要なものは得られないだろうが、試みるしかない
歪みの信念	私は特別な存在。日常の物質的現実を超えている	（相手に黙って）ニーズを満たそう。でなければあきらめる。絶対に満たしてくれないだろうから
肉体の典型的な特徴	手足と体のつながりがバラバラな感じ。華奢で痩せている。体の左右のバランスが悪い。眼は遠くを見つめている	引っ込んだ胸。弱い顎。弱い筋肉質。華奢な体つき。吸い込むような眼
自分を保つパターン	自己を保持／統合	人にすがる。執着
自分の位置づけ	私はバラバラになる。私はここにいない	あなたがとても必要。私の面倒を見てほしい
傷	分裂質	口唇質

第22章　あなたの個性はあなたではない

インドの偉大な聖者が次のように語った。

「自分を変えるなら今しかないぞ。悟りをひらいたら、もう自分の性格や個性なんてどうでもよくなってしまうからね」

自己修養の現代的なアプローチは、人の個性に焦点を当てる傾向がある。さまざまな書物、セラピーやワークショップの中心的なテーマは感情、感じ方、考え方、見方など、すべてその人の個性に関わる事柄である。それに肉体を加えれば、社会が人格と定義しているものが出来上がる。しかし、本当は肉体や個性・性格などは、より深い存在のごく表層の表われでしかない。

立派な男性、素晴らしい女性とは、どういう人のことなのだろうか。今の社会では、善良な市民、成功している社会人、魅力的な人間などといった役割を、私たちは演じなくてはならない面がある。個性を基礎にして社会で認められる自我像をつくり上げ、それに合わせることで自分の生活を変えようと思っているのである。

理想的なモデルはどこにでもある。格好いい男といえばトム・クルーズだし、色っぽさと成功のヒロインはマドンナ、立派な指導者はマハトマ・ガンジーである。これらの人物の基準に達した人はいないかもしれないが、私たちは彼らがどういった感じの人なのかを何となく理解している。私たちが自己改善する時に目指すのはそういった個性である。

アシュラムの共同体で生活していた頃、私たちの個性へのこだわりは取り除かれていった。というのも、誰も個性には目を向けなかったし、アシュラムで私たちが目指していたものは、人間のもっと深いレベルを活性化して、そこから生きることを学ぶことだったからである。

アシュラムのメンバーの間に育まれた関係は美しかった。私たちは、本当の進化というのは個性よりずっと深いところにあることを知っていた。そして自らの個性を手放し、人格を和らげるということが起きていた。結果として、みんな自分自身の中に、ゆったりと身を委ね、さらに美しくなったのだ。それは、肉体とか、人格とか、オーラフィールドの変化でもなかった。何か別なものだった。

真の人間的成長とは、人格や個性のレベルでの変化ではない。自分自身のどこかの側面を排除することでもない。たとえば怒りっぽい性格の男性がいるとする。この性格のために人間関係がうまくいかなかったので、彼は長い間、怒りを抑制したり取り除こうと努力してきた。しかし、プレッシャーが大きい状況に出合うと、その怒りが表面化してキレるのである。

すべての性格や個性がそうであるように、怒りというのは紙の折り目のようなものだ。一度、折り目を入れた紙は平らにできるが、その折り目は残る。圧力を少し紙にかけると、最初に折り目を入れたところで折れる。同じように、この男性の怒りは彼の人格の自然な側面かもしれない。怒りをコントロールするワークショップに何年も参加したが、自分の性格を変える努力が報われないので自分に対する怒りもあったかもしれない。自己変革の努力が報われないことが、自己を否定的に判断する材料となってしまうのである。

ヒーリングは人格のどこかの面を除去するためのものではなく、シフトの問題なのだ。大きな人格上の問題と思われていたものが、精妙ないくつかのシフトを経過するうちに、自然に癒されるのである。

存在しているものは精巧な安全装置が備わっている。つまり、あなたは変わる必要はないし、もう安心してもいいのだ。自分のあるがままに自分を委ね、すべてに神性が宿っていることが分かればそれでいいのである。神性でないように見えるのは、単に神性が歪んでしまっているからだ。

本当の自己修養とは、自然の本質や自らの本質に沿うことである。『ヴェーダ』（インドの聖典）では、この道は「ダルマの道」と呼ばれる。ダルマは自然の法則に則った人生を指し、ダルマを通して私たちは心身を育成し浄化する。

＊

シャロンは長年の間、自己修養の道を歩んできた。いくつものヒーリングスクールに通い、いま人気の精神修養療法に数多く参加していた。彼女が来た時、私は瞑想法を教えた。私たちが一緒に瞑想していると、数分後に彼女が懸命に何かに抵抗し、戦っているのが分かった。瞑想後に何が起きたのか彼女に聞いてみると、彼女は自分が参加したワークショップやヒーリングスクールではグランディングが不足していると言われたのだと言った。「体の中」にいることが重要だと指摘されたのだ。シャロンは瞑想状態に入ると「体を抜け出る」傾向があったのだが、何年もその言葉に従ってきたので、瞑想はいつも問題がつきまとったようだ。

私はシャロンにその指導は間違っていると指摘した。瞑想と人間の成長は自然な過程であり、解きほぐれてゆく過程なのだ。「体を抜け出る」ことでさえ、その自然の過程かもしれないのだ。瞑想は自然に起きるがままに任せるのがよく、それが体を抜けることだったら、それを止めるのは逆効果になる。

シャロンは、指導された方針に忠実でいようと何年も闘ってきた。その間、ずっと彼女は緊張と疲労を自分に強いてきたのだ。そんなに無理をしなくてもよく、むしろ自分をそのように仕向けないことが重要だと言ったとたん、彼女は安堵と嬉しさで泣き出してしまった。

ＴＧ（トランス・グレイディエント）・カウンセリングでは、自分自身のさらに深いレベルを経験することが大事で、人格を形成していくのではなく、統合していくのである。人格の統合は、私たちがそれを探究して、それが自然に流れ出ていくだけで起きるものなのだ。何かのやり方で、それを流し出そうとするのは不自然である。自分が人格の欠点と思っている側面が、どのように発展するか、進化した自分がどのようになっていくか、誰にも分からないのである。

私たちが個人のチャクラにエネルギーを向け、誰かの人格をサイコ・ダイナミックに検査する時、私たちは動かずに動き、触らずに触り、評価せずに評価できるようにしておかなければならない。そして、人を変えずに変えることができるようになっていなければならないのである。

第23章　探究

TG（トランス・グレイディエント）・カウンセリングとは、自己の探究である。この探究のプロセスが自己を解放する。自己が解放されると、自己修正機能が力を発揮して物事を処理してくれる。ヒーラーが癒すのではなく、自己修正機能が癒してくれるのだ。ヒーラーはこのプロセスを促進させることを学んでゆく。私たちがこのプロセスをTG・カウンセリングと呼ぶ理由は、自己のすべてのレベルを患者自身が探究していくからだ。個性レベル、感情レベルや肉体レベルなど、どれか一つに焦点を合わせるのではなく、探究はすべての現実とすべての観点を認め、統合する。

TG・カウンセリングのプロセスは、浜辺を歩く二人の子供のようだ。子供の一人は患者で、もう片方はヒーラーである。しかし、このカウンセリングでは通常のヒーラー対患者の関係ではない。二人の裸足の子供が手に棒を持ち、浜辺を歩きながら棒で岩をひっくり返したり、海草やカニの殻、流木をつついたりしていく。この冒険では特定の探し物をしているわけではない。単に、何がそこにあるのか見るだけのことである。探検は楽しく、彼らは生命の不思議に魅せられ、無邪気さが養われていく。

先のたとえでは、風景そのものが私たちに内在する精神のダイナミックな動きであり、トランス・グレイディエントな光景である。探究されるのはその風景であり、どこに向かうかは誰にも予測できない。

浜辺を歩くと、ヒーラーに内在するインナー・チャイルドが心を惹かれる岩山を見つけるかもしれない。そして患者のインナー・チャイルドに「向こうに行って、岩で遊ぼうよ」と誘うかもしれない。子供同士でよく言うように、相手の子は「いや、あっちには行きたくない」と答えるかもしれない。

ヒーラーのインナー・チャイルドはそれを尊重して遊び続けるが、それには無垢な気持ちが要る。患者のインナー・チャイルドの顔を岩の山に押しつけても意味はないのである。今、彼は見たくないのだ。もしヒーラーのインナー・チャイルドが相手に、「これを見る必要があるんだ。なぜ嫌がるんだ?」と言ったら、この無邪気な探検はそこでぴたっと終わってしまう。そういったやり方は問題を表面に持ってくるかもしれないが、その代償は何だろう。ストレスは解放されるどころか、もっと加わるであろう。

探究の最中、ヒーラーは患者に鏡を向けているが、必ずしも患者は見なくてもいいのだ。判断も先入観も持つことはない。好奇心と出合ったことへの畏敬の念を持つことこそが、このプロセスには不可欠なのである。

ヒーラーは、このプロセスが患者のためだけの探究ではなく、自分のためのものでもあることを忘れてはならない。

トランス・グレイディエントのアプローチで練習を重ねていると、二本の脚で立つより、患者とともに四本の脚で立つ方が楽だということが分かってくる。ヒーラーは患者を支えて一緒にいるという感覚だ。適切な支えがあると、探究は患者のペースに合う速さで進み、患者自身の本質と一貫したものになる。いずれ、患者の行けないところはなくなり、あらゆる内在的な風景が探究できるようになる。しばらく道を歩むと、きっと患者は「さっきの岩のお山を見に行こうよ」と言うだろう。

*

TG・カウンセリングでは、人間の心身を解放してヒーリングを促進するのは探究そのものである。しかし、いつもそう簡単にいくとは限らない。自分を解放したらどうなってしまうのかという恐怖のために、人びとは自らを強く保とうとする。そのような場合でも、ヒーラーは気を使い、無理なプレッシャーをかけないように細心の注意を払わなければならない。

探究のステップは土地を耕す活動のようなものである。土がほぐれれば、植物の根がのび、植物が強く育つことを庭師は知っている。

私たちの内面の光景も、幾重にもわたって刷り込まれた観念や価値観のために凝り固まってしまっていることがある。感情解放療法をたくさん経験した患者の場合、歪みがひどくなっていたり、隠れていたりする。問題点は私たちの目に晒されているかもしれないが、その過程ですでに歪められている可能性もある。探究の歩みは、なるべく優しく、注意深く、いろいろなことを緩めるようにして新鮮な空気を入れていくのがベストである。

メアリーという患者が訪ねてきた時、私はいつものように彼女と話し合い、関係を確立し、安全な場所をつくることから始めた。私は、彼女が楽に話ができるように仕向けたかったのだ。メアリーに自分の人生を少し話してくれるようにと言った。私が人に自分の人生を話してもらうのを好むのは、重要な情報が得られるだけでなく、内面の探究が自然に始まるからである。メアリーは考え、話が始まると、彼女の注意はある方向に自然に引っ張られていった。

もし足の指が痛く、体の他の部分に異常がなければ、注意は必ず足の指に行く。同じように、TG・カウンセリングでは、どこから始めても、必ず重要なテーマに辿り着く。

メアリーは、自分が孤独で、空っぽに感じられ、友人や家族ともっと深い関係を持てたらいいと、自分の人生で何回も思ってきたと語った。私たちはその心の風景を探究して、彼女の人生について語り合い、時間をかけて居心地のよさと信頼をある程度築くことができた。

二人の信頼感が強まるのを感じた私は、メアリーの孤独感について知りたくなり、彼女とそれについて探究を始めた。私は彼女に体のどこにそれを感じているか聞いてみた。その答えが、彼女のエネルギー系を私たちが理解する突破口になるはずだった。メアリーにその感覚を描写してくれるように言うと、メアリーは孤独感を、冷たくて空っぽで濡れた心の中の洞窟のようだと説明した。私は感覚を研ぎ澄ませて彼女と一緒にその洞穴に入り、私たちは、それがどんなものか感じてみた。

何週かの間、私たちはメアリーのじめじめした冷たい洞穴を何回か訪ねた。そこに何があるのか、何をメアリーが体験しているのか、その中で話し合うのだった。

メアリーがこの場所に慣れてくるにつれ、彼女は、この旅が自分自身と自分の心にある愛との関係を訪ねていることに気づきはじめた。それまで彼女は自分自身が非常に愛情に溢れた人間だと考え、なぜ他の人びとが彼女のように愛を持てないのか不思議に思っていた。メアリーは、自分の世界にある空虚な感覚によって自分の経験をつくり出していることに気づいたのだ。そして、その彼女の発見を探究しているうちに、実は彼女の心の中は空っぽではなかったことに気づいたのである。そこは実際に居心地のよい、満たされた場所だった。この微妙な気づきの影響は深いもので、彼女の人生を変えたのだった。メアリーはその後、愛と幸せに満たされるようになった。

カウンセリングの多くの方法は探究で始まる。大体の場合、探究は患者の問題点を隔離して「治療する」ために利用される。その目標が達成されれば、探究は止まる。「何が問題なのか」分かれば、解決法を処方でき、処方箋が出されたということは、その事態に対する一つの取り扱い方が決まってくるということである。

メアリーが冷たいじめじめした洞穴を見つけた時、ヒーリングの療法によってはピンクの光を照射したり、抗鬱剤を処方するといった方法もあったかもしれない。そのような道程を選んでいたら、かなりその過程が変わっていたであろう。そういった方法をとらずにそこにとどまり、自己修正機能を通してメアリーとその問題の場所との関係が変容されるまで訪ね続けたのだった。メアリーのこの自己修正は、どの療法よりも効果的であった。そして、これは誰にとっても言えることなのである。

自然な癒しのプロセス

どのような療法やヒーリングの方法が使われても、あるいは何も使われなかったとしても、癒しをもたらすのは自己修正機能だ。これが自己「発見」と自己「改善」の基本的な違いである。自己発見は自然な癒しのプロセスであるが、それに対して自己改善は上塗りにしかすぎず、バンドエイドのようなものである。自己修正機能は、自己探究と自己発見を通して働く。私たちは探究する時、バターを作るように攪拌のプロセスを促進させる。私たちが感じたり、観察したり気づいたりすると、すべてが解きほぐれ、そして自己修正していくのである。

自己修正機能は患者の存在の全側面の統合を強化する。肉体領域からサイコ・エネルギー領域、超越領域と、つまり心身すべての多様な側面を通して、私たちの自己相互作用は統合と調和を達成することを目指すようにできている。

普遍原理・10

人が生命のバランスを失う時、自己修正機能が即座に働きはじめる。真のヒーラーとは、自己修正機能を促進する存在である。

もう一度、強調しておきたいのは、診療においてヒーラーは、どの方向に進むのか見当がつかないし、分かる必要もないということだ。文字通り、これは未知への探究なのだ。目標は探検そのものであり、知っている場所に行くことではない。探検と安全な場所によって、患者は自分の人生と新しい関係を築いていくのだ。患者がそのプロセスと自分が「何も知らない白紙」であるという状態に慣れ親しんでくると、構えることをやめて、自分が本当は誰であるのか発見しはじめ、そこに身を委ねるようになる。つまり、存在の神聖な本質にしっかりと基礎を置いた人生との関係が始まるのである。

入り口の追求

どうすればヒーラーは、患者とのこのデリケートな探究をうまく進めていくことができるのだろう。もし、患者の歩みが閉じた輪を描きはじめて前進できなくなったら、どんな仲介をして、そこから脱け出したらいいのだろうか。

そのプロセスは、まるで芸術である。私たちは自分自身の動機が相手にとっても誠実であるように注意しながら、いろいろな療法に対して適当な距離を保ち、ヒーリングへの入り口を探すのである。

入り口は患者の中に流れるダイナミックな潮流への扉である。ヒーラーは患者を一つの場所にとらえている流れの渦から解放するために、この入り口を使うことができるのだ。最も多いつまずきは、患者が物語の中に自分を見失うことである。

カウンセリングにおいて、ぐるぐると話が循環してくるのは、患者が深いテーマを抱えている兆候だ。その物語は、より深い歪みのバーチャル・イメージ（幻想）である。患者が人生を生きる中で、登場人物が代わり、詳細が変わるかもしれないが、その葛藤の基本的な要素はそのままである。

繰り返される輪は感情の宝庫であることが多い。その物語はもう何年もかけて育ててきているものかもしれないし、その物語をヒーラーが判断したり、過小評価したりすると、不必要な爆発を引き起こすかもしれない。そのような場合、的を射た質問が、異なったレベルに自分をシフトすることを可能にしてくれるのだ。私がよく発する問いは、「自分の体の中のどこで、その気持ちを感じますか」というものである。質問によってトランス・グレイディエントな探究が始まり、患者は感情的にではなく、肉体の感覚でその物語を経験しはじめる。このシフトですべてが変わってきて、患者はどのような感覚があり、それがどこに感じられるか説明することができるようになる。この探究の目的は、感覚を維持することにではなく、この感覚を追っていくことにある。

これが攪拌のプロセスである。ヒーラーと患者が行ったり来たりしながら患者は観念と感覚の違いを探究しはじめ、頭と心の違いを感じられるようになっていく。このプロセスが続き、患者は自分のパターンや自分の描く輪が見えるようになる。普通は、輪が見えれば自己修正機能が働きはじめる。

ここでの誘惑は、モデルをつくってしまうことだ。たとえば、頭はダメで感情は良いものと結論を出したとすると、それはすぐに押し付けに変わっていく。患者は思考を中心にした姿勢から、感情に切り替えようとするが、それがまた新しいストレスの層がつくられていくことになる。

ヒーラーは患者と一緒に攪拌を促進させる。本人の注意は頭と感情の間を行き来するかもしれないし、肩の痛みから腹の緊張感、あるいは足の緊張感との間を行き来するかもしれない。撹拌と自己修正機能のダイナミックスを理解することは、効果的なカウンセリングのためには不可欠である。

沈黙、そして話す動機

入り口を探している間、ヒーラーは、患者に向かって何か話してみたい、あるいは行動したいという衝動を覚えた時、その裏にある動機を絶えずチェックしている必要がある。ヒーラーも自分自身の心の風景になじみ、自分の気持ちを把握していなくてはならない。

TG（トランス・グレイディエント）・カウンセリングの場合、一番いいアプローチは何も行動をとらないことであったりする。自己修正機能がいつもはっきりと、その機能を見せるわけではなく、沈黙が自己探究にとって最も大事な部分であることもある。信頼できる安全な場所が存在している時に内なる探究が始まれば、もっと深いレベルにその歩みを持っていくのに、沈黙が一番いい方法であったりするのだ。

沈黙は、ヒーラーにとっては居心地の悪いものだ。何らかの行動をとらねばとか、専門家としてお金をとっているのだから、といった思いがプレッシャーになり、ヒーラーは、ついその空間を言葉で満たそうとしてしまい、ヒーリングの真のプロセスをブロックしてしまう可能性がある。したがって、ここではヒーラーが自身の心の風景を熟知し、謙虚であることが不可欠である。空間を満たしたいという欲求は、内省してみると、その動機に何らかの歪んだ要素が見つかるかもしれない。とにかく、理由はいくらでもある。

行動をとる前に考え、さらに念を入れてもう一度考え抜くべきだ。ヒーラーが何かを話したり、行動をとる一番の動機は、あくまでも自己修正機能の促進のためなのだ。そのプロセスはとても精妙であり、とてもデリケートなものなのだ。それは私たちが生命そのものという繊細な織り物を取り扱っているからである。

患者との関係——安全な場所の維持

カウンセリングにおいて、熟考された言葉や患者とのタイミングのいい対決により、ヒーラーは患者の自己修正機能を促進できる場合がある。妻の話になると話題を変えるスティーブという男がいた。私はセッションの初めの頃にそれに気づき、安全な場所がまだ十分に確保されていないと感じたので、そのままにしておいた。スティーブとその場所に行くためには、私たちの関係がリラックスした、しかも信頼できるものになっていて欲しかったのだ。もし患者にとって重大な問題であれば、解決されるまで何度でも表面に上ってくるはずなので、慌てる必要がないことは分かっていた。時期が来るまで待つことを、私は選んだ。

何カ月かカウンセリングが進んだある日、この話題を取り上げるのに絶好の機会が来たと私は感じた。スティーブは例によって、彼の妻の話題を避けて通ろうとした。「スティーブ、私たちは何カ月か一緒にワークをしてきたけれど、奥さんの話になると彼女を誉めて、すぐ次の話題に移ろうとするのに気がついたんだ。それはどういうことだろう?」と私は聞いてみた。

スティーブは十秒くらい、冷たい、神経を張り詰めた沈黙に陥ったが、それから一気に堰を切ったように話しはじめた。彼はこの関係についてずいぶんと考えることがあったのだ。多くの矛盾した感情やニーズが、妻と関連して存在していた。彼女は彼にとって堅固な要塞であり、彼は自分自身の価値を見出せないくらい彼女に頼っていたのだ。次の何回かのセッションで、まるでウミが出るようにすべてが放出されたのである。

私はスティーブから何かを引き出すために刺激を与えたかもしれないが、これらの発見は彼自身のものに違いなかった。いろいろな感情や内面的な戦いによってつくられた固い結び目がほぐれはじめ、そして消えたのである。もし、もっと早く私がその問題を表面に押し出し、妻を生活の土台にすることをやめた方がいいかもしれないと助言すれば、スティーブがこの問題をさらに奥深くに抑圧してしまう可能性もあったし、ストレスを強めたかもしれなかった。

安全な場所の提供がいかに重要であるか強調したい。もしそれが十分でなかったら、スティーブの反応は逆効果だったかもしれないのだ。ヒーラーは患者の話の間に注意を払い、その性質を認識できなければならない。私たちは、問題と対峙する時期とか分析を共有する時期については慎重に考慮し、患者との関係の維持と安全な場所の確保に大きなウエイトを置かねばならないのである。

第Ⅶ部

新しいパラダイム

宗教のない科学は足が不自由であり、科学のない宗教は目が不自由である。

——アルバート・アインシュタイン

第24章　悟りとは

アメリカ国内を巡っていると、ある不思議な質問によく出合う。この質問が出るのは講演の後が多く、聴衆の一人が講演の内容に興奮して目を大きく開き、走ってきて「あなたは悟りをひらいているのですか?」と聞くのだ。

その声の質や顔の表情を見て、悟りへの理解がありそうだと思えば「はい」と答える。その場合、私はその人の悟りに対する観点を肯定していることになる。

もし私が、「いいえ。私は悟っていません」と答えれば、「じゃあ、なぜこのようなことを教えたりできるのですか?」というジレンマに入ってしまうので、この種の質問に関しては上手な答えが見つからず、そのたびに相手に合わせて答えを出すことにしている。

「悟り」という言葉は神秘的な雰囲気と手垢のついた宣伝に染められ、つかみにくく、悟りをひらくのは困難だと思われている。もし私たちが、いろいろなモデルをベースにして悟りに到達しようとすれば、確かにそれは難しいことだ。そういった観点からすれば、悟りに到達するには永遠の年月がかかるし、稀な体験となってしまう。

ところが、モデルへのこだわりがなくなれば、悟りは簡単に到達できるものなのだ。それは針金細工のおもちゃの目も眩むような動きに通じる、この世の存在の華やかさに惑わされなくなった時点で姿を現わすであろう。悟りをひらいても、針金細工のおもちゃのきらびやかな美しさを楽しむことができる。ただ違いは、それに執着しなくなることである。

悟りは自然な状態で、人間の心身の普通の機能なのだ。悟りは、いま慣れ親しんでいる状態より、もっと自然な状態なので、悟りをひらくということはあまり驚くべきことではなく、むしろ悟っていないことの方に驚くべきである。

＊

私たちの社会では個々人の個性が自分であると信じられている。私たちは自らの本質を自らの個性と混同してしまっているのだ。悟りをひらいた人を思い浮かべた時、理想的な人格を持った人間をイメージし、善い行いをする人たちは、悟りを会得していると一般に思われている。

しかし、善い行いをすることと人の悟りのレベルはあまり関係がなく、人格や個性の質だけでは悟りの度合を計ることは不可能である。

このことを理解するのに役立つ練習がある。悟りをひらいていそうな人の名前のリストを作り、その人たちの名前の後に、その理由を書いてみる。それが終わったら、その特徴のいくつが人の人格に関わっていないか確認してみよう。

悟りは性格とか行動によって見極められるものではない。悟りに到達する瞬間、天を仰ぐほどの気持ちになることを私は保証する。その経験はとてもシンプルで、同時に、晴天の霹靂のようなもので、最終的にはとても謙虚な気持ちにさせられるのである。

＊

次に述べることは自分の経験をそのまま語ったもので、それ以上の意味はない。

私がまだ十代の頃、神秘主義に関しては何も聞いたことがなかった。スピリチュアリティー（霊性）という事柄にとくに惹かれていたわけではなかった。

ある日、私は一人で家のリビングルームに座り、そこに飾ってあるアフリカで作られた木製の手彫りの小さな動物を眺めていた。斑点のあるキリンと、縞のあるトラとシカが置いてあった。

私がその小さなトラを見ていると、自分の中で何かが変化した。私はその小さな動物になったのだ。その気づきは体験的であり、知的でも感情的でもなかった。自分のことのように、その木製の動物の本質を直接に体験していたのだ。どういうものか、私はその小さなトラで、トラは私だったのである。

私はその体験を時々思い出し、不思議に思った。数カ月後、また同じことが起きた。今度は裏庭の鳥の餌箱だった。木製のトラになった時と同じように、急に自分が餌箱になっていたのだ。今度の体験は、もう少し柔らかい感じで、さらに三次元的だった。餌箱が神からのメッセンジャーであるかのような、擬人化された性質のものとなった。私は自分が神を信じているかどうかも確かではなかったが、そのようにしか説明することができない。それは自発的に起きたことだった。

三回目に同じことが起きた時、私はいとこや兄弟と一緒だった。私はゴルフの道具を出して、ボールを打ちはじめた。芝にボールを飛ばした私が仲間から少し離れて歩いていると、一本の木が私の注意を引いた。すると、急に私はその木になっていたのだ。

私はまだ子供で、この経験を整理する枠組みなど持ち合わせていなかった。これらの体験は、とても深みがあるようで、私にとっては否定できない現実だった。私はこのような経験をどのようにとらえたらいいのか分からなかった。

後に大学で似たような体験をした。ある日、私はコロンバス市のノースウッド街を歩き、大学付近のアパートに向かっていた。時は午後で、車は行き交い、買い物客が店に入ったり出たりしていた。

私は急に、もうお馴染みになったあの意識の変化を感じた。車や人を含む通常の活動や現実が、拡大する意識の背景に押しやられた感じがした。光景はそのままで、あるべき姿であったが、同時に表面の幕の裏側にはもう一つの現実があることが感じられ、木々や家などを通して、それに触れることができるような気がした。私には、日常のものを超えたところにその現実があることが見えたのだ。

＊

それから間もなく、私は大きな家の一室を借りることになった。引っ越してから二日目に、同じ家の同居人に共用の台所で出会った。彼も引っ越して来たばかりで、台所のテーブルを挟んでしゃべっていると、いろいろな話題が出た。私は、自分の不思議な体験や存在についての私なりの結論をしゃべりはじめた。私は、アインシュタインは正しく、存在の「統一場」があるはずで、すべての学問がこのように明確につながり合っている唯一の理由は、「統一場」しか考えられないと言った。

私たちはいろいろと意見を言い合い、最後に私は、これは真実なのだから、他にもどこかに同じことを信じている人がいるに違いないと彼に言った。

それを聞いた同居人は即座に、インドのグルについて語りはじめた。私はグルという言葉を聞いたことがなかったが、彼は私の考えがインドのグルたちが言っていることとよく似ていると言った。大学にも彼らの教えを学んでいるグループがいるということだった。

彼らなら私の体験について教えてくれるし、質問にも答えてくれるだろうと、私はとっさに感じたのだ。

＊

その後、数カ月で私は瞑想を覚えて、海を越え、師の足元で学んでいた。半年ほど経ってから、私は獣医学の勉強をするためアメリカに戻った。ある日、一日の授業が終わり、白衣のユニフォームのまま私は帰宅した。次の日は試験で、その晩は瞑想をしてから、友人と一緒に徹夜で勉強するために彼の家に行く予定だった。

私は瞑想のためにベッドに座った。瞑想に入った時、私は勉強のことで頭が一杯だった。何が起きたか分からないうちに、天が降ってきたような感覚に襲われた。表面上、私は気を失ったようだったが、自分の中での体験はまったく違うもので、それはすべてが満ち溢れた豊かなものだった。

目を開けると、私はベッドに横たわっていた。私は起きあがり、あたりを見回すとすべてが違って見えた。私は自分が地上にいながら天国にいるのだと気づいた。この時、初めて天国が自分の生活の中にあるということを完全に体験できたのである。

私は起きあがって歩き回ると、すべてが金色に光っていた。それは天の黄金の光沢のようで、存在すべてを染め、すべてを覆っていた。草木には新しい次元の青々しさがあった。私の意識には新しい次元があり、それが働きはじめて五感すべてを変容させていた。私の質素な寝室も不思議な天の庭園になっていた。

どうにか私はドアまで行き、車に乗って友人の家まで行ったが、まるで車に自動運転装置が付いているかのようだった。誰が運転していたのか分からないが、自分ではなかった。私は至福に満たされていて、その間、世の中の出来事が自分のまわりで起きているような感じだった。

私は友人の家のドアを叩いた。彼はドアを開けると、私の方をほとんど見ないで部屋に戻ろうと数歩歩き、足を止め、ゆっくりと私の方を振り返る。彼の口と目は大きく開かれていた。さらに近づいてきて、彼は聞いた。「マイケル、どうしたんだ? なんかすごくすがすがしい感じがするんだけど」

私は急いで中に入ったが、もうその晩は勉強するのは無理だった。一晩中、私はただ歩き、自分の周囲を見回しながら、この新しい存在のあり方を探究していた。

＊

私はこの変化に馴染むまで数カ月かかった。ガールフレンドは私のことをとても心配してくれた。私は突如として、存在の超越領域というものを経験しはじめたのだった。この新しい次元に慣れるまで、他のことはすべて、無意味のように感じられた。他人には私が孤立したように見えたのだろう。新しい意識を昔の私に統合させるのに時間が必要だった。

あの瞬間から、私の瞑想も変わった。私が目を閉じると、自分が深いところに入っていったという感じではなく、最初から深い場所がそこにあって、表面的な活動が落ちていくと、それが浮かび上がってくるという感覚だった。私の瞑想は何ともいえない幸福感に満ちたものになっていった。

今では、この超越した状態は消えたことがないが、最初の数カ月でサトル・サイト（精妙な視覚）が陰りはじめた。数カ月後、私は師に会いに行くことにした。アシュラムの朝の瞑想の時間に、サトル・サイトはスイッチを入れたように戻ってきたのだ。それは、私には耐えることができないほど嬉しく、素晴らしいものだった。それはまた、以前よりも安定していた。これは心の眼ではなく、肉体の眼を通して見えるという感覚だ。物体のまわりにさまざまな色彩が見えるのだった。さらに重要なことには、物の中にある知性が見えるのだった。

次の大切な発見は、人びとの感情の底にあるエネルギーが見えることに気づいたことである。ある日、私は友人とお昼を食べる予定があった。ダイニングホールの外で私たちが会うと、彼女の身体全体から喜びが光のように放出されているのが見え、それは信じられないほど美しかった。

私がチャクラを見ると、そこには何が見えたであろう。それは、私がどの角度を選び、注意をどこに向けるかによって、普遍的な光に包まれて見えるチャクラの見え方には限りない数があるということを教えてくれたのである。これは何についてもいえることである。一つの方法でしか見えないように自分の意識を凍らせてしまうのは大きな損失なのである。

私は、また自分の新しいあり方に慣れる必要があった。そこで私は、同じような経験をしている人たちを探せば何らかの助けになるのではないかと考えた。しかしそれによって、私のように肉眼のサトル・サイトを使って見ている人は珍しいことが分った。

同じような肉眼のサトル・サイトを経験していたのは、インドで出会った悟りをひらいた聖人だけだった。そして私が彼らにそのことについて聞くと、彼らはあまりそのことに注意を払わないようにと言うだけだった。それはとても意味深い答えであり、私があまり夢中になることを心配してくれた。それを大袈裟に考えることなく、時間をかけて日常生活に統合できるように誘導してくれた。そのような態度をとることで、私はバランスを早く取り戻せた。元の生活と変わりないが、あの感覚はそのまま維持されつつ、私にはまた新しい視野が開けていた。今ではごく自然になり、サトル・サイトと肉眼の視覚の違いを比べるのが難しいほどである。

私の視覚が数年で安定すると、すべての物と一体であるという気持ちが外側に拡大されたことに気づきはじめた。物体一つひとつと一体になるだけではなく、他のレベルで、たとえば部屋全体のダイナミックな動きと一つになった。机に向かって何かを書いていると、紙と部屋と何かを書いている自分が、同時にすべて一つに融合していることが感じられた。そのダイナミックスは螺旋《らせん》状に連続した滝のように広がっていった。私は自分の住んでいる地区、町、そして地球を同じ瞬間に意識していたのだ。それはすべてが一つに統合され、存在のすべての網、現実のすべての次元間を含むものであった。

存在の網には宇宙自体の意識が含まれていた。これは私がアクセスできる意識で、私に宇宙の構造や形を見せてくれるものである。私は、宇宙がコスミック・エッグ（宇宙の卵）として描写されているのを聞いたことがある。宇宙は確かに卵の形をしているし、私もそのように体験している。アインシュタインは、宇宙の構造として、一つの方向にずっと旅をして行けば出発点に戻るはずだと言っている。

以上は私の個人的な経験であるということを、ここで明確にしておきたい。いちごの味が一人ひとり違っているのと同じであり、一人ひとりの経験が意味をもたらすのである。

あるがままに自然に受け入れられるのが一番の知恵であり、悟りは大きなメロドラマではなく、進化の自然な過程、人間の機能の自然の状態なのだ。あなたは元のままで、それは変わらないのである。

第25章　存在する唯一の力

古代の神話には宇宙創造神話がある。神が天体を創造し、そして海、山、森や川がある地球を創った。そして神は、自分の創造した世界を楽しむように私たち人間を創った。私たちは地上に降りて周囲を見回し、神とともに天にいる方がいいと決めて地上を去り、神の元へと帰って行くのだ。

神は最初、がっかりしてこう考えた。「どうしたら人間に、私の素晴らしい創造物を探検したくなるように仕向けられるだろうか。そうだ、生命の鍵を創ったら、彼らはそれを探してくれるだろう。しかし、いちばん高い山の頂上に置けば登っていって、容易《たやす》くそれを見つけるだろし、海の底に鍵を置けば、どうにか工夫してそこへも行くだろう」

そこで神は名案を思いついた。「そうだ！　鍵をいちばん見つかりにくいところに隠そう。人間のハートの奥深くに」。そしてそれは見事に成功したのである。

私たちは世界や宇宙を探検して、真理と自己実現を探し求めている。私たちは自らのためにずいぶんと大袈裟なドラマを作り上げる。私たちは博士号を取得したり、帝国を築いたり、スピリチュアルな修行に出たり、聖戦に赴いたりする。自分以外のところに答えを求めに行くのだ。そして見るべき最後の場所が自分自身の中なのだ。

宇宙には無限の愛がある。人間はさまざまなことを言い、さまざまな行動をとるが、勇敢な探検や調査を終えて家に帰ると、神性は最初から自分の中にあり、すべての中にあったことを発見する。これはすごい贈り物だ。これは単に、この宇宙のあり方の裏に隠されているのだ。その意味でここは奇跡と調和に満ちた宇宙なのである。

どんなに物事の表面が多様に見えたとしても、最終的には存在する唯一のものは愛だけである。愛こそがすべての人間、そしてすべての物を家（根源）に連れて帰る力なのである。

すべての願望、衝動、行動の裏にある原動力が、どのように邪悪か、あるいは神聖に見えたとしても、それは、すべて存在がワンネス（一つであるところのもの）に戻ろうとする引力から生じるものである。最終的にワンネスに戻ることは避けられない。つまり、悟りは避けられないということなのだ。引力と同じに、この力はつけたり消したりできるものではない。私たちは皆、いずれ家に帰る。それまでの旅路はただのバター作りの工程と同じなのである。

普遍原理・11

宇宙に存在する唯一の力は愛である。愛ではないように見えるのは、単に愛の混乱した状態である。

ヒーラーの役目は、統合へと向かう旅路の自然なプロセスを促進することである。ヒーラーは、人生をより満ち溢れた楽しいものにするために、このプロセスがより簡単に早く進むように学んでいく。

最終的に、このプロセスが続く間、私たちはすべての土台には知恵の開かれた手が差しのべられていることに気づくだろう。この知恵の手とは、知恵を与えるものであり、無知を取り去るものである。私たちがこだわっているアイデンティティーを取り払えば、私たちの無知が取り払われることになるのだ。すると私たちは、本来自分が誰であるのか――それは永遠で無限に満ちた存在であることに気づくのである。

付録——人間であることの意味

以下はドクター・マイケル・ママスが一九九八年十一月十四日に行った講義である。ママスは力強く素晴らしい語り手だ。彼は講義をするというより、個人の意識に働きかけてくる。話す言葉を通して、彼は聴衆をそれぞれの深い存在レベルにまで持っていくことができる。その体験を少しでも伝えることができたらと願うばかりである。

＊＊＊

私たちは人間であることの意味を考えはじめる以前に、人生の、そして存在の全構造を貫くトランス・グレイディエントなる本質について理解することが必要である。これが最初なのだ。本来、存在している唯一のものが意識であることを理解する必要がある。意識は存在の底にある最も基本的な事実だ。唯一、意識だけが基盤であり、意識がすべてに優先することを理解する必要があるのだ。

その根底にある現実は、アインシュタインが「統一場」と名づけていた存在である。ワンネス（一つであるところのもの）とはそのことなのだ。私たちの意識の根底は純粋意識と同じフィールドにある。現代物理学者たちが電子を研究して自然の力学を説明する魅力的な原理を引き出した時、彼らは自分たちの意識の中に活性化された原理を引き出しているのだ。つまり量子力学は人間の心身が機能する領域を説明しているのだ。

量子力学の領域と力学がアインシュタインの「統一場」であり、それは『ヴェーダ』（インドの聖典）と呼ばれてきたものと同一のものである。

私たち人間は何百万年、何億年もの進化の結果であり、ダーウィンが説明した進化論の結果でもある。人間という種族はいちばん強いものが生き残るという理論を通して発展してきた。特定の二つの電子が融合するのは、それが最も適切だからであろう。そして分子がつくられ、それが持続するのは他の分子より環境に適しているからである。これは単純にいえばダーウィンの論理なのだ。

しかし、ダーウィンの理論には欠けている部分があり、生物学者はすでにそれを認識している。生物学者が数学的そして統計的な分析を通して出した結論からいえば、ダーウィンの理論が話の全容であったら進化はさらに時間を要したはずなのだ。研究によると、まだ認知されていない力、つまり欠けている部分がこの過程を促進させていなければ、生命はこのように早く進化できなかったはずなのだ。

その欠けた部分とは何だろうか。それは『ヴェーダ』である。私たちの理解に欠けている部分とは、全存在の根底にある純粋意識の中で存在が自分自身に働きかけるという作用である。

多くの人は、砂箱を特定な周波数で波動させる実験で、砂に模様ができることを知っていると思う。他の周波数で波動させると異なった模様ができ、その波動が止まると模様も消える。あらゆる存在は量子力学の法に従って波動しているのだ。人生をある見方から観察すると特定の模様が見える。他の見方をすれば別の模様が見えてくる。どのように見るかによって、何が見えるかが異なってくるのだ。これは組み立てた箱が二つに見えるか、三つに見えるかというのと同じで、この場合、可能な数は二つに限らず無限である。これはメロディーであり、意識が自分を意識するという事実から生じる波動のシンフォニーである。

意識（最終的に本来存在する唯一のもの）が初めて自分を意識する時、他のものがそこにあると思ってしまう。それを意識することによって、第三者が創造され、その互いへの働きかけ、調整、脈動がその共鳴するパターンの中で起きるのだ。それが私たちの宇宙である砂箱を揺する。私たちの宇宙は存在が自分自身に働きかける作用から同時に生まれる。その共鳴は、全存在の根底にある波動が砂の一粒一粒のすべてを、そして全宇宙にある分子すべてを引力のような力をもって動かし、存在全体の根底にある聖なる宇宙の波動パターンに合わせているのだ。

私たちがそのような根本的な聖なるパターンについて話すと、それはとても神秘的か抽象的、そして現実離れしているように聞こえるかもしれないが、それは今、ここで絶えず起きていることである。世代を通して進化する時、ダーウィンの進化論が働き、同時にこの共鳴パターンも波動しているのだ。共鳴パターンは引いたり押したりしている。言い換えると、軌道（マトリックス）がすでにそこにあるのだ。聖書に人間は神の姿に似せて創られていると書かれているのは、そのことを指しているのだ。神の姿と呼ばれたものは常にそこにあり、それは共鳴し、波動し、インスピレーションを与え、押したり引いたり、引力として働いたり、すべての創造物が聖なるパターンの方向に、神の方向に動くように引きつけているのだ。これは、人間の進化の過程でダーウィンが取り残したもう一つの側面である。私はダーウィンが間違っていたとは言わない。ただ、それに加えてそこには永遠に聖なる軌道が存在しつづけ、全存在の根底にある基礎として、進化にも方向を与えていくのである。

軌道は限界なく複雑である。私たちは量子力学的な宇宙に住んでいるが、量子力学の法則は魅力的で、目の回るような内容だ。箱は人の見方によって二つ、三つにと、どれもが同時に矛盾しながら存在しているのが現実である。

他人を見る時、あなたは相手の神性を見るだろうか。善良な人間を見るだろうか。聖人か、それとも傷ついた人間だろうか。その人間のマスクがどう見えるだろうか。好ましい人間としてだろうか、それとも好ましくない人間としてだろうか。観察する側とされる側は、共に存在が自らに働きかける作用の一部である。これは限りなく複雑な舞いの一部分で、これには無限のパターンがある。私たちはその中から一つを取り出して、それを現実と呼ぶのだ。私たちは特定の現実に自分たちを馴染ませる。それはダーウィンの進化論の中で、いちばん単純な生命が生き延びるために適用したのと同じ理屈なのだ。あるパターンがはっきりと現われ、生命を維持して繁殖する。または、ある分子がもう一つの分子と相互作用を行い、つながり、複製する。そしてそれが、もう一つの分子とぶつかり、つながり、いつの間にか細胞が生まれる。細胞は「統一場」から出てきた視野や限定された観点とかパターンと一致することによって、自分を維持していくことができるのである。

私たちは何世紀も進化を続けていくが、同時に永遠で複雑、そして多次元的な力を持つ無限の知も存在しているのだ。それは知恵の根源である純粋意識が自分に働きかける作用であり、最初に宇宙を誕生させた根本の共鳴である。

私がここで言いたいのは、創造は単なるアトランダムの過程ではないという点である。根底に共鳴を起こしている構造があり、それは全存在の基盤になっているのだ。神の姿ともいわれる、量子力学的に共鳴するフィールドが、それぞれの構造にその価値観を付与して方向を与えているのだ。計り知れないほどの年月を重ねて、その過程は続いている。アトランダムなダーウィンの進化論は同時に、量子力学領域の無限に複雑で多次元的な特異性と連結して働いている。この構造は何億年もアトランダムに、ある存在を引っ張り、方向を与え、磁石のように引きつけながら、自然界の異なった生物などを進化させてきたのだ。

この過程が続く中で、根底にある軌道の豊かさを表現できるほど進化した生物体が現われる時期にくる。それは、最初からダーウィンの進化過程を方向づけ、引っ張り、誘導してきた純粋意識が自らに働きかけているダイナミックな作用である。

私たちはこの自分自身に働きかけている作用を神と呼び、神の姿に似て進化した生き物を人間と呼ぶ。人間は無限の多様性、無限の素質、すべてある物の限界のない側面をトランス・グレイディエントに（そして無意識に）維持することができる生き物なのだ。人間であるということは、そういう意味を持つのである。

人間は、一生涯のうちに最終的な変容を行うことができる心身を備えている。どの個人をとってもそのような変容が可能であるということは、直感（丹田のレベル）で分かっている。私たちはそれを感じ、感覚として持っているのだ。生命全体、そして生命の全知恵をトランス・グレイディエントに維持できる生物体になるという変容の最終的段階に到達できるのだ。

もしそうでなかったら、やるべきことがある。満ち溢れた生命の中で機能することがまだできないとすれば、この観点では私たちは、まだ人間になり切れていないことになり、さらなる進化や同化が必要だということになる。

種族として次に必要とされるのは肉体的な現象である。これはダーウィン的な部分だ。人間の心身が生命を完全に認知できるものに進化させることを意味する。人間的な表現で言うと、私たちは神に戻ることを可能とする生物体、そのすべての偉大さを持っている「統一場」に帰る心身になるということだ。

いろいろな時代に心身機能の変容を経験した聖者たちがいたが、これは私たち全員が経験できることである。聖者が生命の最も精妙なレベルをつかんだ経験について語る時、統一という言葉を使い、私たちの多くが理解できないような抽象的なことを語るが、実際、彼らの言葉は量子力学の言語に近いものがある。

たとえば、砂一粒とかボールペンの先にすべての知識があるという教えがあるが、それは量子力学的には現実であり、疑う余地がない。アインシュタインも、手に持つペンはすべてと一つにつながっていると直感的に確信していた。もしそうであれば、すべての知識はそこにあることになる。それが現代の物理なのだ。

もう一つ聖者が言うのは、宇宙は客観的ではなく主観的であるということだ。もし宇宙が客観的であったら、宇宙とは自分の外にある、向こうにあるものになってしまう。客観的な立場から言うと、宇宙は物であり、私たちも木や車や石と同じように、その中の一つでしかないのだ。もし宇宙が主観的だったら、宇宙は自己や個人のこととなり、すべてが本質的には個人の中に含まれている。ボールペンと同じに、個人がすべてと一つであれば、すべては個人の中に含まれているのである。

実際、ここは完全に主観的な宇宙である。宇宙は自己について、主体についてのものなのだ。古代の聖者もそう言っていたし、現代物理学でも同じ結論が「統一場」の理論から出ている。

そして、これはリーマン球面という宇宙の幾何学を説明する数学的概念からも出ている。リーマンは十九世紀の数学者である。リーマン球面を理解するために、最も簡単なものから始めよう。まず円を考える。宇宙の唯一の点が円の円周にあるとすると、リーマン球面と呼ばれる一次元的な宇宙を創ったことになる。では、一次元的なリーマン領域の中心はどこにあることになるだろうか。円の中心はこの宇宙には存在しない。それは円周の点しか存在しないからだ。その場合、円のすべての点が同様に中心となるのだ。

ここまでだとリーマン球面は一次元である線でしかない。その宇宙にいたなら、前後にしか動けない。一次元の宇宙には上下とか横方向の運動は存在しない。一次元の宇宙にいる場合、円に従って前に行くか後ろに行くかしかできない。他は何も存在していないのである。

次にテニスボールを例にとってみよう。テニスボールは空洞な球体だ。もし宇宙の点すべてがその空洞の表面にあるとすれば、宇宙の中心はどこにあるだろうか。今回は前後に行くだけではなく、横方向にも行けるが、上下には行けない。すると、どこが中心だろうか。テニスボールの表面すべてが、同等に中心になるのだ。テニスボールは二次元の宇宙を表わすリーマン球面である。

リーマンの偉大な貢献は、多次元的なリーマン球面の定義に見ることができる。そして現代物理学は宇宙をリーマン球面として定義している。私たちの三次元の宇宙では、一次元の前後運動、二次元の横方向への運動に加えて、上下があり、四次元の時間軸がある。それはイメージしにくいが、時空間のどの点をとってもそれは宇宙の中心である。あなたは時空間にある一点であり、宇宙の中心なのだ。誰もが、そしてすべてが宇宙の中心なのである。

何世紀にもわたり、神秘家や預言者は「あなたは世界の中心なのだ」と言い続けてきた。私たちにはそれは論理的には聞こえず、きっと何かの比喩だと思い込んでいる。同じように、地球が宇宙の中心だといわれていた時代もある。ニュートンの説の視点から見ると変だと思うだろう。地球は太陽系の中心でもないのだからだ。しかし量子力学やリーマン球面の角度から見ると、ちゃんと筋が通っているのだ。これは純粋な物

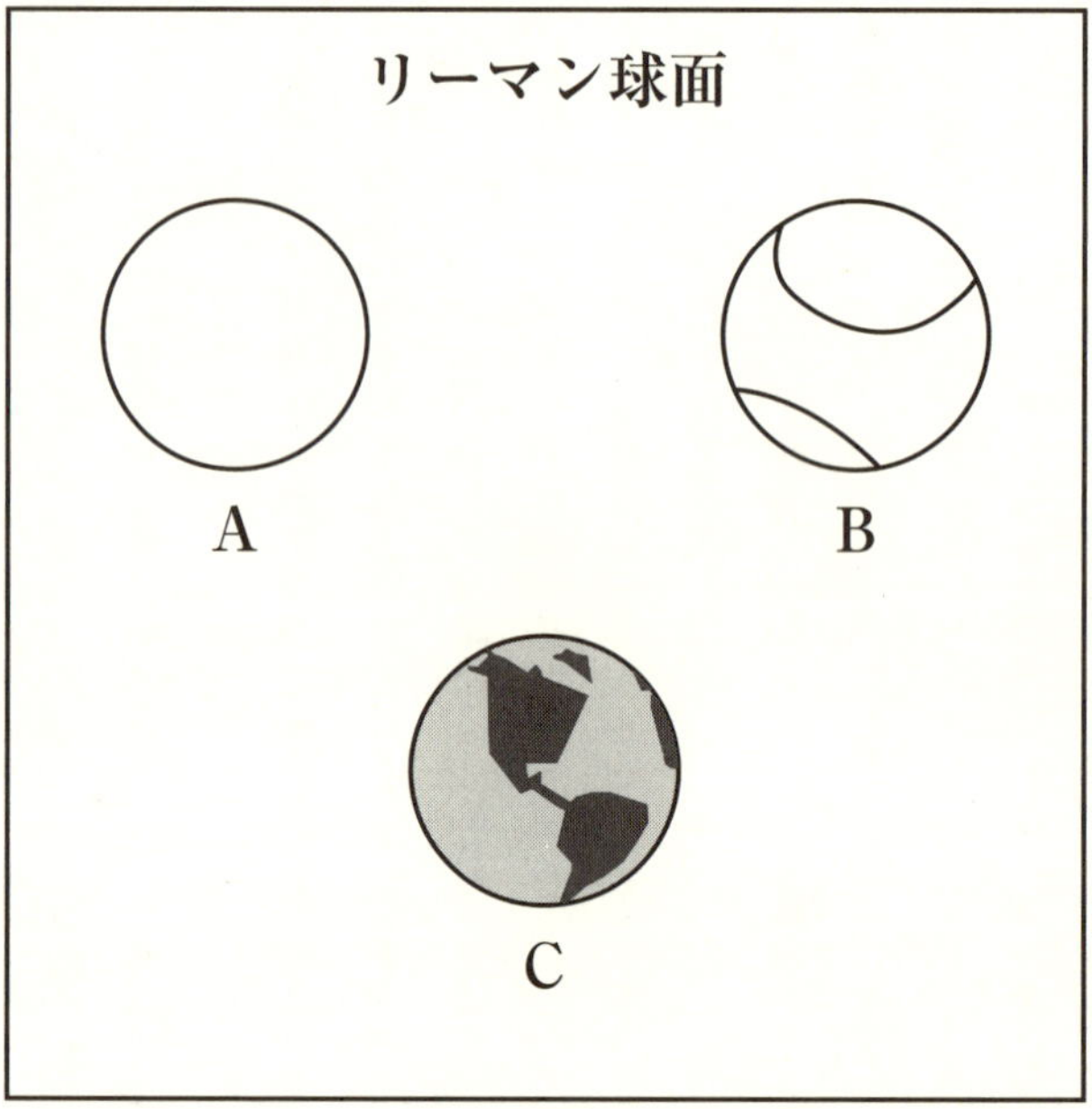

私たちの宇宙もリーマン球面である。数学者はそのすべての点はどれも中心として考えられるという。円にある点だけで構成される宇宙Aでは、上下も横方向も存在せず、前後しかない。そのような宇宙の中心はどこだろう。前後の点だけである。数学者はこれをリーマン球面と呼び、どの点も同等に中心にあると考えたのだ。

同じように、宇宙が空洞のボールBだったと考えてみよう。これはリーマン球面にもう一つ次元を与えたものである。前後があり、横方向もあるが、上下はない。すべての点は同等に中心にある。

物理学者は私たちの宇宙は固体のボールCのようなものだと考えている。これはリーマン球面にもう一つの次元を加えたものである。上下、横方向、そして前後がある。どの点もすべてが中心である。古代の人たちが信じたように、地球は本当に宇宙の中心なのだ。そしてあなたも宇宙の中心なのである。

理学と数学の問題である。すべての点が中心で、地球が中心で、あなたが中心なのだ。これは比喩ではないのだ。

それから、あなたの心身が神の似姿で機能し、心身がトランス・グレイディエントに量子力学的に満ち足りた状態で機能している時、そしてあなたが日常の経験の中でこの現実を見ることができるならば、それは自分自身が宇宙の中心であることを経験しているのだ。これは神秘的・自己中心的・感情的な講話のように聞こえるが、そうではなく、これは科学なのであり、純粋に存在の本質なのだ。これが私たち人間にとって意味するものは、私たちは自分たちを宇宙の中心として意識する段階に移行して機能する可能性を持っているということなのだ。私たちはそれをすべて把握して知るだけではなく、経験することができる。現在の私たちはそこまで来ているのだが、自ら目隠ししてしまい、可能性全体を見ることができないでいる。私たちの今の現実は、すべての可能性を生かしていないし、私たちは私たちの持つ素晴らしく量子力学的な本質を表現できていないのである。

私は、ロシアの量子力学者によって書かれた記事を最近読んだ。そこでは、私たちが「統一場」の理論を深く研究するほど、自分たちが意識というものを研究していることに気づかされると言っている。「統一場」の理論の性質を一つずつ挙げてみると、それが意識を描写する特徴と同じであることに気づきはじめるのだ。私はこの分野の第一人者が同じことを言うのを聞いている。

何かを考える時、あなたは量子力学的に機能している。あなたは私の言う言葉を自分の観点を通して聞き、どういう経験をするかは、その観点に影響されているのだ。実際、それが現実を形づくっているのである。あなたの現実は、あなたの観点の機能の働きの結果である。しかし、そこにはより深い意味が存在し、量子力学レベルの深さまで到達することができる。私たちは量子力学的レベルのコンピューターなのである。

平行する宇宙の概念はどうであろう。この部屋の中には何人の人がいるだろうか。その数の平行する宇宙があるのだ。あなたの視野、現実、宇宙は今、あなたの隣りに座っている人とは少し異なるが、平行している。一般的に、お互いに関係を持てる程度に平行しているのだ。

さあ、意識と量子力学の知恵をどうやってヒーリングに適用できるだろうか。そして、なぜそれが重要なのだろうか。なぜ私たちはいくつかのヒーリングの技術だけを手に入れて、ヒーラーになることができないのだろうか。もし、私たちが存在の本質を完全に理解せずにヒーリングにアプローチしたとすると、患者の本質を限界のある視野からしか見られないことになる。すべてを包含する理解がないならば、何らかのヒーリング療法を適用して治せたというしかないだろう。それぞれがユニークであるはずの心身の組織に、クッキーの型のようなものを使って、一つの歪みを違った歪みに取り替える作業をするのが精一杯だろう。

そういった限界のあるやり方でも、うまくいくことはある。そうやってガンを治すことさえできるだろう。折れた骨も治せるかもしれない。感染症も除去できる。そのような限界あるアプローチでは、ただ症状を緩和しているだけだ。でも、その代償はどうなるのだろうか。

真のヒーラーになるためには、大文字の「H」のついた「Healing」について話し合わなくてはならないだろう。小文字の「healing」とは、健康体のモデルを見つけて、患者をそのモデルに合わせることを指す。大文字の「Healing」とは、進化を促進させることを指す。このような広い意味でヒーリングをするということは、進化を方向づけている原動力と統合させることなのだ。つまり、全存在の根底にある構造と統合させるということだ。ヒーリングとは、その根底にある構造と人間の心身との一致を促進させることである。

どんな深刻な症状を緩和しても、それは本来のヒーリングの副産物でしかないのだ。

宇宙はべとつく場所だと私は言ってきた。なぜならば、宇宙は信じられないような複雑な構造をしているからだ。その中にはいろいろなパターンがあって、どれも引っぱり出すことができ、みな美しいものだ。われわれは興味をそそられ、うっとりさせられる。私たちはそれを自分のアイデンティティー（見方）にして、それに同調しようとする。私たちは、それをすべて存在するものへの観点にしてしまう。自分たちの経験を解釈したり、受け入れたり、否定する基準としてしまうのだ。もし、これらのパターンに基準を置いてヒーリングをしたら、そのヒーリングによって私たちはもっと深く、もっとべとつく宇宙にはまり込んでしまうのだ。このパターンは粘着性があり、魅力的で、私たちを引っぱり込んでいくのである。

人間の進化や悟りは困難だといわれている。悟ることは難しく時間がかかるものだと語り継がれている。なぜ、そんなに難しいのかといえば、それは宇宙がべとついているからだ。私たちは自らのアイデンティティーを通して悟りをひらこうとする。私たちは何か観念を抱き、それでうまくいけば自分たちもよくなると思っている。しかし、私たちを引き込んでいるのは、その観念だ。私たちがそれらの観念から自らを解放し、一つのパターンばかりにとらわれず、すべてのパターンの無限の次元を同時に理解できれば、真のヒーリングを行うことになるのである。

聖人であるアナンド・マイ・マの言葉が書かれた小さな書物がある。その一ページには「私はすべてを理解する」とあり、次のページには「私は幼い少女で何も理解できない。あなたは私にすべてを説明してくれなくてはならない」と書かれている。このように、彼女は自分のナイーブさ、そして知恵、宇宙の広さ、存在の知ることのできない深さを表現しているのである。パラドックス（矛盾）は存在の本質に内在しているが、私たちの中にはそのパラドックスを何とか解こうとする傾向がある。

もし宇宙全体が純粋意識の場であったとすれば、すべて私たちが見ているものは夢のようなものだ。神秘家が「これは単なる夢だ」と言う時、彼らは意識の戯れについて語っていて、すべては私たちの意識の戯れなのである。

ロバート・ジョンソンの著書で『Inner Work』（インナー・ワーク）というタイトルの素晴らしい本があるが、この中で著者は夢の解釈を探究する。前半では、夢に出てくるイメージすべてが重要な象徴であると書いている。しかし、象徴のリストを作って、それを当てはめてみてもうまくいかないという。その代わりに、それぞれの象徴が夢を見ている者にとってどう感じられるのかということから、どのような意味を持たせるのかを決めるようにと勧めている。これは夢を解釈するパワフルな方法である。

本の後半では、その過程を一歩進めていく。著者は同じ過程を目を覚ましている状況に当てはめてみるように提案している。彼の指摘は、目覚めている状態も夢であり、四六時中可能なのでさらにつかみやすいというのだ。著者は、私たちが目覚めている生活の中で象徴を集め、同じ方法で解釈するようにと提案しているのだ。これはとても面白いやり方である。

このアプローチの難しさは、目覚めている状態では自分の身を置く客観的な場がないので夢の時と同じように深く入れないところにある。象徴とその作用を考える客観的な意見を得にくいのである。つまり、中から解釈するのは複雑すぎるのだ。

しかし、私たちは自らの心身を、人生は夢であるということを直接的に経験できるところまで進化させることは可能なのだ。そうすると、この世界すべては意識の戯れとして二十四時間の現実を受け止めるようになる。この概念を知的に理解するのは簡単だ。しかし、私が何度もくり返して言うように、知性で概念をつかむという行為は出発点であって、到達点ではないのだ。知性は方向性を少し与えてくれるが、それ以上のことはあまりない。その時点から私たちは自らの心身を養い洗練して、その経験が生きた現実になるように働きかけなくてはいけないのである。

量子力学でいちばん人気が高いのは、大統一理論、そしてn＝8の超重力理論などであり、まだその領域が完成されていない。研究が進み、探究が行われているが、数学的にどうやって統合するかが課題だ。今、最も多くの専門家に受け入れられ、可能性のある理論としては、私たちは実際には十次元の宇宙にいるというものである。簡単に経験できる三次元でもなく、時間を入れて何とか創造できる四次元ではなく十次元だそうだ。私たちは三次元空間を経験し、時間軸を四次元と呼ぶが、十次元の世界を想像できるだろうか。

私たちに十次元を想像することはまだできないが、いずれは、そこまで目覚めるだろう。私たちには、十次元をすべて直接的な経験として意識できるようになるレベルがあり、そこに到達すれば、いま生活している四次元と同じように十次元が当たり前になるのだ。十次元の点はすべてが活性化している。創造のどの点も小さな十枚の羽根を持つ蚊のようだ。いつか、それを自分の目で直接見る日が来るであろう。

現代物理学は定数を伴った数式に基礎を置いている。光の速度は、信頼できる定数と言われているが、現代物理学が見過ごしているのは方程式に使われている定数も何千年もたつと少し変動するということだ。宇宙には、それを少しシフトさせる脈動が存在している。定数が少しシフトすると存在の本質は劇的なシフトを経験する。

古代の文明ではそのシフトに気づいていたものがいくつかある。定数がある特定の範囲に置かれている時は特定の時代と定められていた。定数が異なった範囲にシフトする時、違う時代が創造されたのだ。次の時代へ移行する時代は「ユーガ」と呼ばれた。

私たちが『ヴェーダ』の話をする時、それは純粋意識の自己作用の全体構造を指している。『ヴェーダ』とは、すべてのユーガ、すべての存在、悠久である。『ヴェーダ』からどんな数の可能性でも引き出すことができ、実際、すべてはそこから引き出されているのである。人間の進化のための技術も、よく『ヴェーダ』から取り出されている。しかし不幸なことに、技術を間違ったユーガから取り出してしまうこともあるのだ。

インドには今日でも、腕を上に上げたままで、絶対下に下げない人たちがいる。『ヴェーダ』を読んで、このようにすれば進化のいちばん高いレベルにまで行けると思い、そうやって彼らは悟りを会得できると信じているのだ。腕が乾燥した皮のように萎びても、その状態を続けようとする。もう望んでも腕を下げることはできないし、使いものにもならないだろう。『ヴェーダ』のその教えは間違ったユーガのものであって、今のユーガでは通用しないものである。

技術にはそのようなものが数多くある。もし、その風習が古代のものであれば、それはいいものであるというような観念を私たちは持ちやすい。古代のシャーマンが行っていたなら、きっといいだろうと思い、彼らの技術を使ってみたりする。現在、ニューエイジ・ヒーリングで人気があるのはアストラルだ。アストラルレベルというが、現実の表面的なレベルは本当はべとついたものなのだ。そこにはまってしまって多くの時間とエネルギー（そしてお金）を無駄にしてしまうことは実に簡単である。

この迷路を無事に通り抜けるためには、「要所をとらえる」ことが重要だ。量子力学レベルという現実の基礎的構造まで戻る必要があるのだ。私たちは自らの存在の全レベル、アストラル体、肉体、エネルギー体すべてを統合して、量子力学レベルと統合する必要がある。でなければ月の光を手でつかもうとするようなものだ。私たちはバーチャルなイメージをつくり、それをつかもうとしている。私たちは天にある大きなアイスクリームのコーンに手をのばしているだけなのだ。

このシナリオは自らの心理状態を扱う時に活用されている。今、人気があるのは「光に向かう」という概念だ。私たちは皆、人生には根底になる基礎、中心になる核があると分かっている。私たちはそのバーチャルの表現を「光」と呼ぶ。「光に行くことさえできれば」と私たちは言うのだ。問題となる言い方だが、実は光なんかないのだ。それはバーチャルな画像、蜃気楼で、存在の根底にある超越のこだまを「光」として誤解しているのだ。私たちは、光を見ようと光と一つになろうと願う。いろいろと無意味なテクニックを駆使して光のスイッチを入れようとしている。でも、これはバーチャルなイメージにしかすぎず、誘惑なのだ。私たちはこのようなものを追いかけて生涯を費やしてしまうことになりかねないのである。

よくある間違いは、すべてを解決してくれる一人の人間を見つけ出そうとすることだ。「もし誰かが自分のためにいてくれたら、すべてがうまくいくのだけど。幸せをつかめるのに」と。そんなことは起こらない。自分の中から、自分のいちばん深いところ、自分の存在の超越的な基盤にそれを見つけなくてはならないのだ。これは自分の心身の問題であり、超越という引力によって引っ張られる進化のプロセスだ。ヒーリングを行う際に、これを忘れないようにすることが大事である。

こういった現代の状況において、どのレベルに私たちが働きかけたとしても、それがマッサージ、エネルギー・ヒーリング、アロパシー的な医療であっても、私たちの使っているテクニックよりももっと深いところに目標があり、そうすればヒーリングが実を結ぶのだということを肝に命じてほしい。いろいろなテクニックを使ってヒーリングを促進させることは可能だが、その道具がすべてだと思ったら、月の光をつかもうとする者と同列である。光と一つになれば、すべてはうまくいくという概念を強化しているのと同じことなのだ。

大きな問題は理想的な人格という考えだ。理想化された自己。このような人間になれば、すべてが良くなるというものだ。私たちの作る映画でも、このイメージは強化されている。セシル・B・デミルによるキリストのイメージがその一つの例である。復活祭の時期は要注意だ。「キリストが歩いたように歩けたら」という願望が出回る。しかし、キリストは映画で見るような歩き方はせず、みんなと同じように歩いていた。だからある意味では、この世は難しいといえるかもしれない。

＊＊＊

聴講者からの質問　――マイケル、なぜ私たちはそのように、……つまり、キリストが歩いたように歩けたら、などと思ったりするのでしょうか。それは人間の本質なのでしょうか。

私たちがそのように振る舞うのは宇宙の本質である。インドでは、これはシバ神の踊りと呼んでいる。これは魅力的で、執着しやすい。なぜなら、これはとても楽しく、とても深遠で不思議だからである。私たちは何かパターンを見て、それについて本を書く。パターンは天にあるアイスクリームのコーンのようなものだ。これが宇宙の本質であり、これが物の本質である。このように宇宙は創られ、このように構造化されている。これはとても興味深く、このように創られているというのはとてもいいことなのだ。もし存在がこうではなかったら、みんな宇宙の外に行って辺りを見回し、「なんだこれ、みんな一つじゃないか。もう帰ろう。これで終わりだ」ということになり、すべては崩れ去り、何も残らなくなるだろう。

存在すべては、私たちの意識によって創造されているマヤ、つまり幻想なので、私たちが信じなければ、すべては崩れ去ってしまう。マヤは悪いことではなく、幻想も悪いものではない。存在の三つの領域が具現化されているというのは悪いことではなく、これは存在、意識の素晴らしい本質の表現である。

今、私たちが存在について量子力学の用語で話すと、それは冷たい抽象的な言い方となる。私たちはギリシャ人やローマ人のように、もっと擬人化して話すこともできる。著書に書いたが、アインシュタインが物理学の用語で日没を描写できるかと聞かれた時、できるが、日没の意味が失われてしまうと答えた。これは実に名答だ。

私たちが量子力学の用語ですべてを語ると、その意味を失う危険性がある。しかし、私たちの直線的な思考の強さを考えると、それを行う必要もある。インドでは「夢のトラを本物の銃では殺せない」という。夢の銃が必要なのだ。したがって、私たちはこの時代の言葉で話す必要があるのだ。私たちの時代の言葉は科学である。誰かをだましたり、トリックを使うために科学を利用するのではなく、こういったことに科学が必要なのである。

私たちが、自らは科学を超えて神と一つになるのだから、科学的な用語で意識について語りたくないと言う時、二つのことが生じる。まず、自らが訓練してきたように、心身機能の大きな部分を否定することになる。二番目には、自分の心身の器が大きくなって自分の意識の中で超越レベルと活性化したつながりを持てない限り、神の概念は本当の姿のこだまでしかあり得ないのだ。神の一つの定義は、超越領域を人格化した存在としてのものである。あるいは、超越領域は神を客観的にとらえたものというのが、もっと相応しいかもしれない。どちらを選んでもいいが、重要なのは、自分の中に超越した存在を持つことができないまま神について語ると、それはアストラルレベルの神か、あなたの心身がやっと維持できる範囲の存在でしかないのである。それによって、あなたは自分の存在のそのレベルに滋養を与えて、そのレベルを強化してしまい、自らの全体のシステムのバランスを崩し、全レベルの統合を狂わせることになる。これは、べとついた宇宙なのだ。神と一体になろうとしてはまってしまい、実際に神と一体になるための障害物をつくり出しているのだ。

人間の進化は存在の自己作用やその具現化を否定することではない。人間の進化はこのダイナミックな作用の中で機能し、かつ自分のアイデンティティーも失わないということなのだ。

聴講者からの質問 ——アストラルレベルは本当にあるのでしょうか?

アストラルは、意識の戯れの結果としてつくられたバーチャルイメージである。

肉体レベルでは、ペンは意識ではなくペンである。その現実のレベルは確実にあり、存在のどれかの領域を否定するつもりはない。インドで物質世界を否定している人について私は話したことがある。彼らは自分たちを聖者と呼んでいるが、私はそう呼ばない。彼らは相対的な存在を捨てて、純粋意識を維持することしかしないのだ。以前に紹介した人の例をとると、彼の足に虫が穴をあけていたが、超越意識にいて、そんなことは気にしていなかった。しかし、これは悟りの洗練されたレベルではない。私たちが行うのは全レベルを統合することで、他のレベルを排除して一つのレベルに辿り着くことではない。

洞穴に三十年住んでいた男性がインドにいた。彼には瞑想がすべてで、超越状態に昼夜を問わず三十年間いたので、とてもデリケートになっていた。

何かの理由があって、彼は洞穴から出てきた。理由は忘れてしまったが、彼は町に行ったが耐えられなくなり、文字通り狂ってしまったのだった。ここで話題にしているのは、超越のために全レベルを捨てるということではなく、統合のプロセスが必要だということだ。そこに違いがあるのだ。

ニュートン物理学も同じである。二台の車があって、それぞれが反対の方向に時速一〇マイル（一六キロ）で走っているとする。もし、あなたがどちらかの車に乗り、もう一台の車から離れていく速度を計ったら、速度は一〇マイルに一〇マイルを加算して、二〇マイルになる。物質レベルではそれで十分だ。しかし、存在の他のレベルではそうはいかない。アインシュタインの特殊相対性理論によると、光線を一方に送り、逆方向にも光線を送ると、異なった結果となる。ロケットに乗って一方に光の速度で飛び、反対方向に行く光線を計ると、結果は光の速度であって二倍の速度にはならない。これが特殊相対性理論の要約である。この知識をもって、他のすべての事柄を引き出すことができるのだ。

私たちの生理体はトランス・グレイディエントである。生理学を大学で勉強すると、臓器や細胞などの肉体の生理学を勉強することになるが、今はエネルギーの生理学があることが認められてきている。エネルギー系でも、まだ存在の表面的な部分である。存在のより深いレベルは超越領域にある。そして、それには独自の生理学があるのだ。

超越的な部分が養成されて洗練していくことにより、現実の表面の根底にある基盤をつくることが可能である。超越レベルを強調してきた理由はそこにある。電磁気領域と物質領域はそれぞれのレベルはそれなりの価値があるが、これらのレベルは、さらに深いところにある真実を具体化したものともいえる。そのより深い真実が、より表面的な現実をつくるのである。

ここでやっていることは知的に理解することではない。ここで私たちがやっていることは、あなたの意識のある部分を少しだけ目覚めさせ、少しずつ目覚めてもらうことである。そして瞑想をし、経験をし、もう一度何かを語り、その部分にもう少し、そしてもう少し触れてゆく。心身のシステムがそうやって目覚めていくのだ。これは活性化のプロセスであり、洗練させていくプロセスだ。何回も聞いてきたかもしれないが、もう一度聞いてもらいたい。時々、意識の中で何かが活性化され、初めて聞いたような経験をすることがある。「なぜ、もっと前に言ってくれなかったんですか?」という感じだ。「もし言ってくれていたら、もっと早く理解できたのに」と言いたくなる。しかし、そうではない。聞く用意ができるまで聞こえないものなのだ。本当に聞こえるまで聞こえないのである。

訳者あとがき

現在、日本にもレベルの高いコースを設定しているヒーリング・スクールがありますが、七、八年前まではほとんどありませんでした。私は二〇〇〇年六月、カリフォルニア州サンディエゴで開催されていたマイケル・ママス主宰の"School of Enlightenment and Healing"を卒業しました。当時、アメリカには、主に三つのヒーリング・スクールがあり、それらは『光の輪』の著者、ロザリン・ブリエールのスクール、そのロザリンのスクールで学んだ『光の手』の著者、バーバラ・ブレナンのスクール、そしてマイケル・ママスのスクールでした。私にとってバーバラのスクールは、経済的にも距離的にも参加するのが難しく、ロザリンのスクールは、クラスが一定の場所で開かれていないので、参加は無理でした。マイケルのスクールの場合は、以前、知り合った受講生たちがとても自然でソフトなエネルギーを放っていて、人を癒すにはこのエネルギーがいいと思いましたし、「悟り」を看板に掲げていて、「ヒーリングの勉強＝悟りの修行」というスクールの姿勢も気になっていました。修行をきちんと積んだ、エネルギーの波動の質が高い人のヒーリングを受けてみたいと思ったからでした。

マイケルによると、癒しはテクニックではなく、自分の深い、超越した部分から他者と関わる時に起きるといいます。ヒーラーが自分の超越している部分に入るには、自分の存在の奥深いところに自分を委ねていく必要があります。そのための不可欠な道具が瞑想です。誰かに師事して、すでに純粋な意識を磨いている人は作業が早く進みます。そして仲間がいると、その奥深いところに統一意識と呼ばれる場が築きやすくなるそうです。師も個人意識だけではなく、集合意識に働きかけられるので、一定の人数の生徒がいた方がエネルギーのレベルが上がるようです。

人を癒すということは、その人のためにオアシスをつくり、安全な場所を提供して、そこから、その心の風景を二人で探検していくことです（自分の影の部分を投影しないためには、自分が十分癒されていなくてはなりません）。そして癒しはいろいろな次元、いろいろなレベルで起きます。すべての人は自分自身を癒すメカニズムを持っていて、ヒーラーの仕事はそれが機能するきっかけを見つけ、促進する手伝いをすることではないでしょうか。

ヒーラーは、まず自分自身が癒されていることが必須条件です。すべての人に必要で、自分自身にもクライアントにも必要なのは、自分はこうあるべきという頑なになったアイデンティティーを時間をかけて緩めていき、人間の本質である神性（神聖な性質）へ自分を解放していくことです。人間関係のトラウマによって、そして肉体においても、エネルギーレベルでも、凍ってしまっていたり、ねじれている部分を解放していくこと。それはエネルギー・ヒーリングであったり、肉体レベルのマッサージであったり、瞑想であったりします。そのほかに利用できるヒーリング・モデルには、漢方やアーユルヴェーダなども含まれます。スクールで生徒たちは自分自身を癒しながら、ヒーリングの学習に打ち込んでいくことになります。

ワークショップの一日は瞑想から始まりました。講義と実習がありマイケルの話が終わると、二人ずつ組んで学んだ技術の練習を行い、それを何回か繰り返します。とにかく、いろいろな身体に触れることが大事だとされていて、五十人以上の仲間たち同士で実習が行われました。

二〇〇〇年の卒業証書を、その卒業生全員のために手書きのカリグラフィーで作ってくれたのは、ネイティブ・アメリカンに師事したことがあり、大手航空会社のパイロットでもあるゲーリー・イノウエという日系四世の方でした。そのほかの卒業生には、内科医、外科医、看護師が何人か、それから助産師、ソーシャルワーカー、ビジネスマンなどでした。男性も少なからず参加していました。日本からは私のほかに大手航空会社の若い副操縦士など三人が参加し、東部（アッシュビル）のクラスから、日本人女性が二年目から編入してきました。

マイケル・ママスのヒーリング・スクールは、当時、カリフォルニア州サンディエゴでワークショップが年に四回、三年間開催されていました。その後、カロライナ州でもコースが設けられ、今はレトリート（静修会）も年に二回、アッシュビルというところで行われています。

マイケルはバーバラ・ブレナンのヒーリング・スクールで教えていたこともあり、そのつながりで、当初、アシスタントの多くはバーバラのスクールの卒業生でした。設立して間もなかったので、アシスタントも手伝いに来た先生たちも皆、慣れていないというか、新鮮というか、落ち着くまで多少時間がかかりました。

ここで、少々、著者のマイケルについてお話ししましょう。

私は東京のオハイオ州政府事務局で働いていましたが、偶然にもマイケルはオハイオ州出身で、オハイオ州立大学の卒業生です。彼は物理と数学を専攻した後、獣医の資格とＭＢＡを取得しました。彼は人間のスピリチュアリティー（霊性）と科学の橋渡しの方法を模索しながら、生命と存在の深い神秘を探究してきました。本書にも出てくるように、彼はさまざまな師のもとで学んでいます。とくにインドの師の深い影響を受けているようで、彼の講義にはよく登場します。しかし、彼は宗教の教えに基づいて自分のアイデンティティーを固めてしまわないように気をつけなさいと指導します。人間は神話の中で生きてきたので、いろいろな出来事も神話として理解する力が最も強いのだと言います。聖書も神話だと思えば確かにその通りでしょう。でも、宗教はスピリチュアリティーではありません。人間の中には超越している部分（神や統一場と呼んでもかまわない）があり、それを宗教的にとらえるのは、ちょっと違うのではないかと思います。

マイケルは結婚式の時、ヒンズーの神様たちを呼ぶ儀式が始まると、そのエネルギーが入ってきて、式が終わって神様たちを見送る儀式をすると、すっと帰って行くのが分かったと言っていました。神はさまざまな形をとって具現化するようです。徐々に自分が癒され、純粋で、神性なる部分が強くなっていくと、いろいろなエネルギーに敏感になっていくようです。マイケルの場合は、単にマインドで見るのではなく、実際に見える能力を持っているようです。

個人的にマイケルにヒーリングを受ける機会はそれほどありませんでしたが、たまたま彼が通りかかった時に私がヒーリングテーブルに乗っていて、彼がふと立ち止まって軽くエネルギーを流してくれたことがありました。甘い蜜のようなエネルギーが自分の中から沸き上がるような感覚があったのを覚えています。甘い蜜のようなものが身体から沸き上がり、甘い味が舌に残ったのです。その感覚は何年か後にＴＭ瞑想を始めた時に蘇り、やはり本当にあったのだと、妙に納得したものです。ヒーリングをしたり、されたりしていると、さまざまなことがさまざまなレベルで起こり、それは本を読んで知的に理解するのとは全然違う経験です。でも、そのような知識が少しでもあることは助けにもなります。

マイケルが私たちの目覚めについて例に挙げたのは、『マトリックス』の映画で、モーフィアスが主人公のニオに初めて出会った時に言うセリフです。「青いピルを飲んで、そのままマトリックスの世界にとどまるか、赤いピルを飲んで、（不思議の国のアリスの）ウサギの穴がどこまで続くか見届けるか、決めるのは君だよ」と言います（これがまた、かっこいいのですが）。肉体という見える世界だけではヒーリングは理解できないのだということです。理解できなくても、その精妙なエネルギーは機能してくれますが、マイケルの教える世界を理解すればするほど、それは深められていきます。ウサギの穴がどこまで続くか見届ける気がある方は、実際にマイケルのスクールに行くのも一つの方法かもしれません。

東海岸ではノースカロライナ州アッシュビルとロードアイランド州ウェークフィールド、西海岸では、カリフォルニアのサンディエゴとロサンジェルスでクラスが定期的に開かれています。詳しいことは、ホームページがありますので確認してください。マイケルは現在、ヒーリング・スクールを"SURYA PROGRAM"という形で行っているほか、レトリートを夏と冬に毎年約一週間ずつ、ノースカロライナ州のブルーリッジ山脈で開いています。ブルーリッジでは三〇〇エーカーのコミュニティーもインドのヴァスチュ原理に基づいて現在建設中です。マイケルは二人の子供にも恵まれ、今はヒーリング・スクール、レトリート、著述、そしてコミュニティーづくりなど、幅広くスピリチュアルな活動を行っていると聞いています。

最後になりましたが、日本でマイケルを紹介する機会を与えてくださった太陽出版の籠宮良治社長と大変な編集を快く引き受けてくださった片田雅子さんに感謝申し上げます。マイケルもこの本が日本で出版されることを、大変喜んでおります。

鈴木真佐子

著者紹介

マイケル・ママス（Dr. Michael Mamas）

マイケル・ママスはアメリカ全土でヒーリングの講義とワークショップを行っている。

また、ヒーリング・スクールを設立し、カリフォルニア州サンディエゴとノースカロライナ州のアッシュビルで定期的にクラスを開いている。

スクールでの授業は、ヒーリングを専門として学びたい人や自分の個人的な成長に関心のある人のために企画されている。

プログラムは世界中から受講生が出席できるように組まれていて、自分の仕事や家族への責任を果たしながら受けられる。詳しい情報、または講義やワークショップの日程などは下記のホームページを参照。

マイケル・ママスのホームページ
http://www.thegoldenfrog.com/

癒しの鍵
天使、アインシュタイン、そしてあなた

訳者紹介

鈴木真佐子（すずき・まさこ）

東京生まれ。小学校から高校までアメリカで育つ。1976年、慶応義塾大学哲学科卒業。オハイオ州政府代表事務所に勤務したのち、ロンドン大学キングス・カレッジで修士号（英文学）を取得、ロンドン・スクール・オブ・エコノミックスで国際関係論のディプロマ取得。現在、フリーランスで翻訳活動を行う。
訳書に『光の輪』『メッセンジャー』『太陽の秘儀』『メッセンジャー　永遠の炎』（いずれも太陽出版）がある。

2005年11月3日　第1刷

［著者］
マイケル・ママス

［訳者］
鈴木真佐子

［発行者］
籠宮良治

［発行所］
太陽出版

東京都文京区本郷4-1-14　〒113-0033
TEL 03(3814)0471　FAX 03(3814)2366
http://www.taiyoshuppan.net/
E-mail　info@taiyoshuppan.net

装幀＝田中敏雄（3B）
［印字］ガレージ［印刷］壮光舎印刷［製本］井上製本
ISBN4-88469-438-4